BEI GRIN MACHT SICH IHR WISSEN BEZAHLT

- Wir veröffentlichen Ihre Hausarbeit,
  Bachelor- und Masterarbeit

- Ihr eigenes eBook und Buch -
  weltweit in allen wichtigen Shops

- Verdienen Sie an jedem Verkauf

Jetzt bei www.GRIN.com hochladen
und kostenlos publizieren

Bibliografische Information der Deutschen Nationalbibliothek:

Die Deutsche Bibliothek verzeichnet diese Publikation in der Deutschen National-
bibliografie; detaillierte bibliografische Daten sind im Internet über http://dnb.d-
nb.de/ abrufbar.

Impressum:

Copyright © 2015 GRIN Verlag, Open Publishing GmbH
Druck und Bindung: Books on Demand GmbH, Norderstedt Germany
ISBN: 978-3-668-16245-7

Dieses Buch bei GRIN:

http://www.grin.com/de/e-book/317031/die-weber-von-gerhart-hauptmann-hinter-
gruende-szenenanalyse-personen

Mike G.

"Die Weber" von Gerhart Hauptmann. Hintergründe, Szenenanalyse, Personen und Gruppen sowie weiterführende Interpretationen

GRIN Verlag

GRIN - Your knowledge has value

Der GRIN Verlag publiziert seit 1998 wissenschaftliche Arbeiten von Studenten, Hochschullehrern und anderen Akademikern als eBook und gedrucktes Buch. Die Verlagswebsite www.grin.com ist die ideale Plattform zur Veröffentlichung von Hausarbeiten, Abschlussarbeiten, wissenschaftlichen Aufsätzen, Dissertationen und Fachbüchern.

Besuchen Sie uns im Internet:

http://www.grin.com/

http://www.facebook.com/grincom

http://www.twitter.com/grin_com

Die Weber

Vorwort

Gerhart Hauptmann wurde 1889 mit seinem Stück „Vor Sonnenaufgang"
deutschlandweit als naturalistischer Künstler bekannt. 1892 vollendete er sein
Meisterwerk, welches ihm einen Platz in der Weltgeschichte gesichert hat,
„Die Weber." Im folgenden findet sich eine Analyse und Interpretation des
Werkes sowie einige Hintergründe, Gedankenanstöße sowie die
Rezeptionsgeschichte. Maßgeblichen Einfluss bei der Ausgestaltung dieser
Arbeit gaben gymnasiales Unterrichtsmaterial, Unterrichtsprotokolle und die
Königs Erläuterungen über „Die Weber[1]." Maßgeblich hat auch die Arbeit von
Trine Petersen[2] diese Abfassung beeinflusst. Alle vorhandenen Seiten und
Zeilenangaben beziehen sich auf die Ullstein – Ausgabe von „Die Weber[3]",
welcher auch einige historische Quellen entnommen wurden. Die innerhalb
dieser Arbeit angefertigten Interpretationen und Analysen entsprechen
größtenteils den Meinungen und Ansichten renommierter Fakultäten und
Literaturwissenschaftlern. Dennoch habe ich es mir nicht nehmen lassen auch
eigene Interpretationsansätze und Gedanken einzufügen, welche logisch-
konsequent hergeleitet sowie ausgearbeitet worden sind, aber nicht
zwangsläufig mit den gängigen Ansichten und Auffassungen übereinstimmen
müssen.

---

1   Königs Erläuterungen, Gerhart Hauptmann Die Weber, C. Bange Verlag, ISBN 9783804417854
2   Så körer det for dig, maaan! Von Trine Pedersen. http://rudar.ruc.dk/bitstream/1800/1076/3/jede%2Bmenge.pdf aufgerufen
   am 12. Februar 2016
3   Hans Schwab-Felisch – Gerhart Hauptmann – Die Weber, Ullstein Verlag, ISBN 9783548240473

---

1 Mit Stern (*) versehene Personen sind wiederkehrend.

4.3 Beschreibung und Verlauf des Aufstandes.
4.4 Leitmotiv: Das Lied vom Blutgericht.
4.5 Gegenwartsbezug und Aktualität.

- **1.1 Der Naturalismus 1880 - 1905**
- Radikaler Realismus = **Naturalismus**; Fortsetzung des Realismus, aber Wahrheit schockierend und hässlich darzustellen gesucht.
- Radikalisierung der Ideale vom „jungen Deutschland" 1830.
- Wirklichkeitsgetreue, realistische, authentische, schonungslose Wiedergabe des täglichen Lebens.
  → Keine verklärte, sondern nackte Wahrheit.
- Darstellung des Elends, Armut und Hässlichkeit.
- Weil der Naturalismus die Natur darstellen will, tritt in den Wirklichkeitsausschnitt eine Figur hinein, welche lange nicht mehr in dieser Welt war und seine Erfahrungen der Vergangenheit und Abwesenheit mit der vorgefundenen Situation vergleicht.
- Sogenannter „Bote aus der Fremde" bringt Bewegung in eine Handlung hinein, da der Naturalist keine eigenständig ablaufende Handlung beschreiben will.
- Französischer Philosoph Comte begründet **Positivismus** und beeinflusst die naturalistische Welt und das Menschenbild stark.
- Beobachtung des tatsächlich Geschehenen; nur Naturwissenschaft hat Wahrheitsanspruch, Geisteswissenschaften u.a. sind ihr untergeordnet und auf gleicher Ebene zu untersuchen; Wissenschaft wird eine bessere Zeit einläuten ohne Elend oder Leid.
- Taine (ausg: Täm) bestimmt Menschen durch 3 Faktoren: Abstammung, Milieu, historische Umstände.
  => **Milieutheorie.**
- Naturalisten begreifen Welt als System, welches Handeln des Menschen von außen bestimmt.
  → Nur Naturwissenschaft, keine Kunst, kann Realität einfangen.
  => Hauptmann sympathisiert mit Naturalisten.
- Zukunftsoptimismus (Krieg und Elend wird wie eine Epidemie vergehen).
- Kunst im Naturalismus will Wirklichkeit nicht kopieren, sondern wiederherstellen.
  => Kunst = Natur – x (x = Künstlerische Gestaltungsmittel, das was den Künstler ausmacht).
- Dramentheorie wandelt sich, da Menschen völlig von Vererbung und Milieu bestimmt werden.
- Naturalistische Dramen konzentrieren sich auf Figuren mit determinierten Handlungsweisen.
  => Handlungsdrama wird zum Zustandsdrama gesellschaftlicher Verhältnisse (Tendenz zur „Episierung").
- Naturalistische Künstler wollen Wirklichkeit abbilden, verfolgen keine politischen Interessen bei Darstellung von gesellschaftlichen Missständen und menschlichen Abgründen.
  - **Russischer Realismus:** sozialkritisch, benutzt aber hohe Sprache; Blick von oben herab.
- Dichter muss Kräfte und Wirkungen des Geschriebenen berechnen und geschickt kombinieren.

- **1.2 Abgrenzung zum Realismus 1850 – 1880.**
- Unverblümte Darstellung der Wirklichkeit, spät in Deutschland angekommen.
  - Moderner Roman entsteht, Ausdrucksform bürgerlicher und großstädtischer Literatur.
  - Amerikanische Autorin schrieb so detailliert über Elend der Sklaven im Süden, dass selbst Europäer geschockt waren.
  - Wandel zur Verklärtheit: Wenn Kunst Schönheit, Klarheit und Intensität schafft, dass ist Prosa des Lebens erfassbar.
    => „poetischer Realismus" als Synonym.
  - Fontane drückt Prosa des Lebens nur durch Erzählungen des Geschäfts- und Bildungsbürgertums aus.
  - **Was soll Realismus nach Fontane?**
  - Kein nacktes Wiedergeben alltäglichen Lebens.
  - Sich, sich von selbst verstehenden Dingen, bewusst werden.
  - Interessante, alltägliche Erlebnisse herausarbeiten.

- Widerspiegelung des wirklichen Lebens, aller wahren Kräfte und Interessen.
- Alle Lebensbereiche umgreifen.
- **Themen des poetischen Realismus nach Fontane.**
- Gesellschaftliche Verhältnisse.
- Konflikt Gesellschaft – Individuum.
- Moralvorstellungen.
- Familienstruktur, Rolle der Frau.
- Menschliche Natur und innere Werte.
- Praktiken im Rechtswesen und Religion.
  => Auf Bürgertum und Adel beschränkt.
- <u>Ziel</u>: Darstellung und Kritik an Realität Preußens des 19. Jahrhunderts, aber mit „poetischer" Zurückhaltung.
  → Oftmals durch einen ironischen Unterton.
  => Fontane als poetischer Zeitzeuge.

- **1.3 Die historischen Umstände des Weberberufes.**

Die Soziale Not.	Die Lage der schlesischen Weber um 1844.
• Nicht genügend Nahrung.	• Hungerlöhne, Kinderarbeit, Nachtarbeit.
• Kein oder sehr geringes Einkommen.	• Schlechte Arbeitsbedingungen (Werkzeug).
• Eventuell keine Wohnung.	• Abhängigkeit vom Fabrikanten; Ausbeutung, Betrug.
• Keine soziale Absicherung.	
• Mangelnde Hygiene.	• Gesamte Familie bedroht.
• Keine gesellschaftliche Mitsprache.	• Hohe Abgaben, Belastungen.
• Keine Bildungschancen.	• Geistiger und körperlicher Zerfall.
• Kleidung (Lumpen).	

- **Die Ursachen des (schlesischen) Weberelends.**
- Ausländischer Konkurrenzdruck (Maschinenproduktion, Kolonialismus).
- Außenpolitische Spannungen zwischen Spanien/Portugal und Preußen
  → wichtige Absatzmärkte brachen weg.
- Fabrikanten hatten volle Kontrolle über die Weber → Ausbeutung.
- Bevölkerungszuwachs.
- Beginnende Industrialisierung in deutscher Textilindustrie.
- Keine Schutzzölle, da England wichtiger Absatzmarkt für Holz, Montanwaren etc.
- Angebotsüberschuss durch zu viele Weber.
- Englisches Trucksystem.
- Hohe Abgaben, teure Lebensmittel.
- Keine Möglichkeit des sozialen Aufstiegs.

- **1.4 Schilderungen des historischen Aufstandes.**
  - Am 3. Juni 1844 beriet eine zwanzigköpfige Gruppe, wie man deren Situation verbessern könne.
  - Sie zogen am Hause der Fabrikantenbrüder Zwanziger vorbei und sangen das Weberlied.
  - Am 4. Juni 1844 bildete sich ein regelrechter Protestzug, welchem sich beinahe alle Weber anschlossen.
  - Erfolgreich zogen sie am 5. Juni in die umliegenden Ortschaften zu den Fabrikanten Fellmann, Hoferichter, Andretzky, Hilbert und Dierig.
  - Das Militär rückt aus und zerschlägt den Aufstand am 6. Juni 1844.
  - **1.4.1 Friedrich Wilhelm Wolff „Das Elend und der Aufruhr in Schlesien" (1845).**
    - *Gilt als seriöse Quelle, da sich dieser auf persönliche Nachforschungen stützt.*
    - *Eine von drei Quellen, welche Hauptmann intensiv für seine Recherche nutzte.*
    - Peterswaldau und Langenbielau haben sich auf die Baumwollweberei spezialisiert.
    - Im Winter gab es einen Aufstand in Bielau wegen einen eingesperrten Kameraden.
      → Geschenke beschwichtigen die Meute.

- Vorgang staatlich untersucht worden, gewann aber keine öffentliche Popularität.
- Gebrüder Zwanziger sind ein Beispiel für unterdrückende Unternehmer.
- Zahlen nur 15 Währungseinheiten (WE) anstelle von üblichen 32 und stellen deshalb immer neue Arbeiter ein.
- Ungerechtigkeit: Faulenzender Adel und Militär bekommen mehr als das 15-fache an Pension / Gehalt als die Weber.
- **4. Juni 1844 2 Uhr nachts**: Einige Weber in Nieder- und Peterswaldau rufen alle zusammen, weil einer von ihnen verhaftet wurde.
- Vor Zwanzigers Haus forderte man höhere Löhne und ein Geschenk, ist aber abgewiesen worden.
- Masse stürmt auf das Haus und zertrümmert alles.
- Zwanziger fliehen nach Reichenbach (dort aus Angst vor den Webern vertrieben), nach Schweidnitz (Behörden veranlassen sie zur Weiterreise), nach Bielau.
- Die Weber befreien ihren Kameraden und verschonen den Fabrikanten Wagenknecht.
- Man entscheidet sich dafür das Unternehmen nicht abzubrennen, damit die Versicherung die Zwanziger nicht entschädigen muss.
- Weber aus Arnsdorf und Bielau schließen sich an.
- Fabrikant Fellmann gibt den Webern, Brot, Speck, Butter und etwas Geld um sich zu schützen.
- Hofrichters Witwe und Söhne zahlen ebenfalls Schutzgeld, Hilbert und Andretzky in Bielau weigern sich zu zahlen, weshalb die Weber deren Fabriken zerstören.
- Nachdem die Weberschar vor Dierigs Haus stand, bekam Pastor Seiffert 20.000 WE um die Meute zu beruhigen.
- Pastor wird ins Wasser geworfen, Dierig versammelt Arbeiter gegen die mit Stöcken bewaffneten Weber angeführt von Bauer Werner.
- Weber ziehen sich wegen starken Verletzungen zurück.
- Masse kann sich reorganisieren und bekommt Zuwachs von Dierigs Webern.
- Letztere haben Geld erhalten um die Meute davon abzuhalten alles zu zerstören.
- Das Militär rückt an und überwacht die Verteilung des Geldes.
- Austeilung verzögert sich und beunruhigt von der Militärpräsenz werden die Weber aufgeregt.
  → Pastor soll die Auszahlung angeblich unterbunden haben.
- Wegen den aufgeregten Webern wird der Major nervös und eröffnet das Feuer.
- 11 tote und 24 schwer verletzte Weber (unschuldiges Mädchen, achtjähriger Junge, Mutter von sechs Kindern).
- Einige Weber fliehen, andere fluchen und werfen Steine.
=> Major von Rosenberger zieht sich zurück.
- **5. Juni 1844 22 Uhr** 4 Kompanien und 4 Geschütze gehen in Stellung.
- **Nacht vom 5. auf den 6. Juni**: Haus von Dierig und Nebengebäude demoliert worden.
- **Morgen des 6. Juni**: Truppen gegen in Stellung (Artillerie, Kavallerie, Infanterie) und halten Weber in Ruhe und Frieden.
  - Teil der Aufständischen zieht nach Friedrichsgrund und vernichten Zwanzigers Waren.
=> Weber haben Fabriken und Bäckerläden verschont und kein Feuer gelegt.
- Gesamte Armee wird mobilisiert, läuft in Umgebung auf und sorgt für Repression.
- Nur einige Fenster werden eingeworfen, sonst keinerlei Aufstände mehr.
- Viele Menschen auf dem Marktplatz versammelt, verweigern Befehl zum Auseinandergehen friedlich.
- **Abend des 7. Juni 1844**: Schar von Mutwilligen und Antisemiten zieht zur Karls- und Antoinienstraße, wo Fenster eingeworfen werden.
- Armee verhaftet 50 Aufrührer, deeskaliert die Situation.
  → Schnelle Untersuchungen führen 18x zu einer Freiheits- und Leibesstrafe.
- Sympathie der Bevölkerung mit den Aufständischen.
- Am **10. Juni 1844** sollen Bauern bewaffnet werden und Weber jagen, machen es aber nicht.
- Viele Verhaftungen und Inhaftierungen nach Schweidnitz, wo Spezialkommission Urteile spricht.
- „Zerstörung fremden Eigentums aus Rache" verlangt schwere Strafen.
- Zuchthausaufenthalt ist für die Weber besser als die Freiheit, da sie dort nicht hungern müssen.
- Viele Weber verstecken sich im Wald oder Gebirge, obwohl die Regierung Ruhe und Ordnung ausruft.

- Versammlung der Hinterbliebenen werden verboten, Presseberichte werden zensiert.
- Kommission wird Verhaftete angemessen richten, aber keine öffentlichen Verfahren, damit Kunde vom Elend in den Akten verschwindet.
- Geschworene sind nach Zensuswahlrecht gewählt, darum keine Milde zu erwarten.
  => Nutzen der Gerichte entspricht einer Debatte über die Ausbeutung der Menschen von Menschen.
- Gerichte bitten um Freilassung der Masse an Kindern und Frauen, welche wegen Diebstahl angezeigt wurden, da neue Aufstände entstehen könnten.
  => Regierung zeigt keine Gnade und überfüllt Gefängnisse.
- „Lösungsstrategien" der Regierung.
- Weber sollen als Tagelöhner arbeiten, bekommen aber entsprechend geringen Lohn.
- Weber sollen neue Verfahren zur Produktionssteigerung nutzen, haben aber keine Möglichkeit dazu.
- Schulpflicht verkürzt die Arbeitszeit der Armen und vermittelt kaum Bildung.
- Schulpflicht wäre nur sinnvoll, wenn die Bedürfnisse der Armen gestellt werden.
- Posen und Ostpreußen können genügend Nahrung produzieren um alle Preußen zu ernähren.
- Weber lernen als Kind in der Schule, als Erwachsener in der Kirche von der christlichen Nächstenliebe, welche ihnen aber nicht entgegengebracht werden.
  => Radikale Umwandlung der Gesellschaftsordnung ist einzige Möglichkeit das Elend zu beenden.
- Keine Schutzzölle oder Einschränkungen des Gewerbepolizeigesetzes.
- Gesellschaft muss auf Gerechtigkeit begründet sein.

- **1.4.2 Leipziger Zeitung zitiert eine schlesische Zeitung, welche sich auf eine Stellungnahme bezieht.**
  - *Keine objektive Betrachtungsweise möglich, da weit entfernt von direkten Quellen.*
  - *Staatliche „Schönigung" der Ereignisse, kein Eingestehen eines Problems.*
  - Es herrsche keine Not bei den Webern, da fleißige und gescheite Weber immer genug verdienen.
  - Die gewöhnlichen Lebensbedürfnisse sind nicht besonders hoch in solchen Gegenden.
    → Abwertung der Aufständischen soll Aufstand wirkungs- und sinnlos erscheinen lassen.
    => Ignorieren der Not (Parallele zur Aussage von Hornig Akt 3).
    => Webern wird Faulheit unterstellt (Parallele zu Akt 1 & 4).
  - Hauptschuldige sind liederliche Personen.
    → Webern wird neben Faulheit auch ausschweifender Lebensstil vorgeworfen.
    => Schutz der staatlichen Politik und der Unternehmer; Abweisung der alleinigen Schuld auf die Weber.
  - **Während des Aufstandes:**
  - Nicht nur Weber, sondern auch Handwerker randalieren, Frauen und Kinder als beutelustig dargestellt.
    → „Ehrenhafte Beweggründe" der Weber werden schonungslos abgewertet.
    → Ausmaß des Aufstandes ausgedehnter dargestellt worden um Eingreifen zu legitimieren.
    => Durch Einbeziehen weiterer Bevölkerungsgruppen erscheint Not der Weber nicht ausschlaggebend für den Aufstand zu sein.
  - **Nach dem Aufstand:**
  - Ca. 70 Verhaftungen (obwohl in Wirklichkeit u.a. hunderte Frauen und Kinder wegen Diebstahl angeklagt wurden).
    → Soll Friedenswillen der Armee / Polizei verdeutlichen.
  - Die Aufständischen haben nach dem Aufstand ihren Arbeitsplatz wieder erhalten.
    → Keine Lösung des Problems der Weber, rückt Staat und Unternehmer ins positive Licht.
  - Keine Rede von Gewalt, Auseinandersetzungen und Toten.
    → Negatives vorgehen des Staates wird verschleiert.

- **1.5 Biographie Gerhart Hauptmanns.**
  - Am **15. November 1862** wird Hauptmann als Sohn des Hotelbesitzers Robert und Marie in Obersalzbrunn, Schlesien geboren.
    - Bruder Carl war Dichter, einige Vorfahren waren Weber.
  - Wurde wegen seinem schlechten Benehmen von der königlichen Kunst- und Gewerbeschule entlassen.
  - **1882** Studium der Geschichte und Literatur wegen Freundschaft zu Professor Haertel.

- Bricht Studium ein Jahr später ab, scheitert als Bildhauer.
- Immatrikulation an Berliner Universität, will Schauspieler werden.
- **1887** hält Hauptmann einen Vortrag über Büchner, wird wegen dem Sozialistengesetz vorgeladen.
- Während seiner gesamten Laufbahn streitet Hauptmann immer ab politische Hintergedanken zu haben.
- **1887** Breslauer Sozialistengesetz soll Hauptmann als Zeuge beiwohnen.
- Flucht in die Schweiz aus Angst selbst angeklagt zu werden.
- Trifft dort auf ein sozialdemokratisches, anarchistisches Umfeld durch Bebel u.a.
- Ferdinand Simon macht ihn auf Heines Gedicht *„Die schlesischen Weber"* aufmerksam.
  → Hauptmann beginnt für „Die Weber" zu recherchieren.
- Macht psychiatrische Studien und besucht eine Irrenanstalt.
- Pflegt eine enge Beziehung zu Arno Holz, wird Mitbegründer der *„Freie Bühne."*
- Hauptmann war im Leben hin- und hergerissen; diese innere Zerrissenheit drückt sich in seinen Werken aus.
- Spruch Ansorges: *„Nun jaja, nun ne ne"* kann als Hauptmanns Lebensmaxime gesehen werden.
- **1890** Beginn der intensiven Arbeit an *„Die Weber."*
- **1891** Reise nach Schlesien, Besuch der Orte mit den Aufständen und Befragung von Augenzeugen.
- **1892** Dialektfassung *„Da Waber"* wird verboten, Hochdeutschfassung darf im Dezember öffentlich vorgetragen werden, wird einen Monat später ebenfalls verboten.
- *„Die Weber"* solle Drama des Elends und des Hungers sein und keinerlei sozialdemokratischen Ideale verherrlichen.
- Sprach später davon, dass *„Die Weber"* das christliche Gebot der Nächstenliebe verbreiten sollen.
  → Obwohl Hauptmann nachgewiesen sozialdemokratische und sozialistische Zeitschriften las, leugnete er stets Sozialdemokrat zu ein, einerseits wegen dem Sozialistengesetz, andererseits wegen den NS – Gesetzen.
- Aufstände wie 1844 waren keine Seltenheit in Deutschland, England und Skandinavien.
- Soziale Frage prägte das Bewusstsein der Politiker und Künstler.
  → Hauptthema des deutschen Naturalismus geworden.
- Hauptmanns Vorfahren waren Weber und zeitgleich Häusler oder Kirchenmusiker.
- Großvater Carl Ehrenfried Hauptmann war Weber, kämpfte gegen Napoleon und wurde Gastwirt.
- **1893** Geheime Aufführung der Weber.
- **1894** Erste öffentliche Aufführung der Weber.
- **1912** Nobelpreis erhalten.
- **1914** Kriegseuphorie Hauptmanns drückt sich in Gedichten aus.
- **1933-1945** Hauptmann verhält sich im NS-Reich opportunistisch.
- Wird sogar geehrt, aber wegen *„Die Weber"* mit Distanz behandelt.
- **6. Juni 1946** Hauptmann stirbt mit 84 Jahren.

- **1.6 Vergleich „Die Weber" mit anderen Werken Hauptmanns.**
- **1889** Hauptmanns *„Vor Sonnenaufgang"* thematisiert den Sittenverfall, Ausschweifungen und Alkoholismus.
- Thematik und Ort des Stückes gleicht jenen in *„Die Weber."*
- Schlesische Bauern finden Kohle auf ihrem Grundstück und werden reich, verlieren dabei aber alle Sittlichkeit, Tugend und Nächstenliebe.
- Person Miele tritt als Mielchen in *„Die Weber"* auf.
- Protagonist Alfred Loth ähnelt wegen seinem Charisma Jäger oder Bäcker.
- **1890** *„Der Apostel"* hat Helden, welcher gegen technische Eisenbahn vorgehen will.
- Ähnelt den Webern, welche gegen mechanische Webstühle vorgehen.
- Beschreibungen des Glücks ähneln jenen des alten Hilse.
  → Beide hoffen auf göttliche Erlösung.
- **1892** *„Kollege Crampton"* und **1893** *„Hannele"* spielen ebenfalls in Schlesien.
- **1906** *„Und Pippa tanzt!"* erinnert im 1. Akt an den 3. Akt in *„Die Weber."*
- Bietet ebenfalls ein reiches Personenspektrum.

- **1.6.1 Einfluss von Heinrich Heines Gedicht: „Die schlesischen Weber."**
- **Das Gedicht[1].**

Im düstern Auge keine Träne,
Sie sitzen am Webstuhl und fletschen die Zähne:
Deutschland, wir weben dein Leichentuch,
Wir weben hinein den dreifachen Fluch -
Wir weben, wir weben!

Ein Fluch dem Gotte, zu dem wir gebeten
In Winterskälte und Hungersnöten;
Wir haben vergebens gehofft und geharrt,
Er hat uns geäfft und gefoppt und genarrt -
Wir weben, wir weben!

Ein Fluch dem König, dem König der Reichen,
Den unser Elend nicht konnte erweichen,
Der den letzten Groschen von uns erpreßt
Und uns wie Hunde erschießen läßt -
Wir weben, wir weben!

Ein Fluch dem falschen Vaterlande,
Wo nur gedeihen Schmach und Schande,
Wo jede Blume früh geknickt,
Wo Fäulnis und Moder den Wurm erquickt -
Wir weben, wir weben!

Das Schiffchen fliegt, der Webstuhl kracht,
Wir weben emsig Tag und Nacht -
Altdeutschland, wir weben dein Leichentuch -
wir weben hinein den dreifachen Fluch -
Wir weben, wir weben!
- **Analyse und Interpretation.**
- **Allgemeines über Heine und das Gedicht.**
- Heinrich Heine wollte die Situation der Weber nach dem erfolglosen Aufstand beschreiben.
- Er ist eine Person des Vormärzes, Literat mit politisch-kritischer Meinung.
  - Autoren des Vormärz vertraten Ablehnung des absolutistischen Staates, der dogmatischen Kirche, der gesellschaftlichen Konventionen und forderten die Meinungsfreiheit, Demokratie, Emanzipation der Frau sowie soziale Gerechtigkeit.
- Heine hält die Anliegen der Weber von 1844 für berechtigt und beschuldigt das politische System für deren Misere.
- Das politische Gedicht kam damals auf, da man es auf Flugblätter drucken konnte und Gedichte nicht kontrolliert wurden.
  - Wegen der Repressionspolitik wurden politische Werke verboten.
- 40 Jahre später werden vom Staat die SVs eingeführt, welche das Wohl der Arbeiter nicht wirklich fördern.
- **Der formale Aufbau.**
- Gedicht gliedert sich in fünf Strophen mit jeweils fünf Versen, Volksliedcharakter.
- Es weißt in jeder Strophe zwei Paarreime und einen Kehrreim auf.
- Männliche und weibliche Kadenzen wechseln sich ab.
- Es gibt kein eindeutiges Versmaß und Umgangssprache wurde verwendet.
- Kehrreim verleiht dem Gedicht eine klare Struktur und einen Ohrwurmcharakter.

---

1 Entnommen aus https://www.martinschlu.de/kulturgeschichte/neunzehntes/vormaerz/heine/werke/weber.htm#anmerkung, aufgerufen am 16. Februar 2016

- Die *erste Strophe* erzeugt eine düstere Stimmung, Hilfslosigkeit und fehlende Hilfe von außen wird deutlich.
- Augen der Weber sind tränenleer (V.1), haben bereits zu viele Tränen vergossen, sodass keine mehr übrig bleiben.
- Wut lähmt ihren Tränenfluss, Bezug zu den toten Brüdern und Freunden des Weberaufstandes 1844.
- Aggressive Stimmung unter den Webern, Trauer hat ein Ende gefunden (V.1), Wut breitet sich aus (V.2).
- Der *Refrain* „wir weben, wir weben" (V.5, 10, 15, 20, 25) drückt die Solidarität und den Zusammenhalt der Weber untereinander aus → Appellcharakter.
- Alliteration „wir weben" hebt sich wegen seines Kehrreims vom Rest hervor.
- Erst im Mittelteil (ab der *zweiten Strophe*) werden die Weber zu Wort kommen gelassen.
- Heine greift zuerst die geistliche Instanz an.
- Winterskälte und Hungersnöte (V.7) ist eine Anspielung auf die Kartoffelfäule 1844 und die Preissteigerung der Grundnahrungsmittel um 50%.
- Kritik am Theodizee-Gedanken, an der Jenseitsvertröstung und der Legitimation Gottes, womit das Elend der Weber hingenommen wird.
- Alliteration „gehofft", „geharrt", „geäfft", „gefoppt" und „genarrt" (V.8-9).
- Akkumulation an Verben verdeutlicht den Zorn der Weber.
- Binnenreime verdeutlichen die Not der Weber.
- Trotz der verzweifelten Bitten wird von Gott kein Beistand gewährt (V.8).
- Gott war ihre einzige Hoffnung, hat die Weber aber im Stich gelassen.
  => Weber haben ihren Glauben verloren.
- Heine greift in der *dritten Strophe* die weltliche Instanz an.
- Der König geht gegen den Protest vor und unterstützt die Reichen in ihrer Ausbeutung (V.11).
  → Vertritt nicht das gesamte Volk, setzt sich nur für die Interessen der Wohlhabenden ein.
- Protestierende vor dem Schloss lässt er auseinandertreiben (V.14).
- Die Steuern erpressen den Webern das letzte Geld (V.13).
- König begegnet den Arbeitern mit Geringschätzung und Hochmut.
- In der *vierten Strophe* wendet er sich an das falsche Vaterland, welches nicht länger mit Patriotismus assoziiert werden kann.
- Der Staat wird angeklagt zugunsten der Reichen und gegen die Armen zu handeln.
  - Bietet keinen Schutz, man musste sich im Staat anpassen, alles Andere wird bestraft.
- Bild der Trostlosigkeit vermittelt (geknickte Blume V.18).
- Die geknickte Blume ist das Symbol für den deutschen Staatsbürger, Biedermeiertum muss übernommen werden, freie Meinungsäußerung war nicht erlaubt.
- Blume wird zu früh geknickt, Chancen auf Besserung vergehen.
- Vierte Strophe offenbart wie die Weber Deutschland sehen, ist verfault wegen dem Blut der Aufständischen und hat keinen Platz für neue Ideen oder Gerechtigkeit.
  → Keine Heimat für die Weber mehr.
  => Müssen aber dort bleiben, da sie sich einen Umzug / Flucht nicht leisten können und im neuen Ort wieder unterhalb der Armutsgrenze leben müssten.
  → Deshalb verfluchen sie es.
- Anapher (V.18-19) betont Verfall, Hässlichkeit und Verkommenheit des Vaterlandes.
- Wortpaar „Fäulnis und Moder" verdeutlicht die Unerträglichkeit Deutschlands.
- Nur ekeliger Wurm „erquickt" sich am Elend und Schmutz der Weber und Deutschlands, Abwertung der Fabrikanten und Geschäftsmänner (V.19).
  => Gott, König und Vaterland sind Säulen der Ordnung, auf welche das preußische Militär eingeschworen wird.
  → Motto unter welchem der Weberaufstand 1844 niedergeschlagen wurde.
- In der *fünfte Strophe* wird das Weben stark in den Fokus gerückt und unterstreicht die Solidarität der Weber.
- Weber weben Tag und Nacht (V.22), sitzen aber nicht mehr (V.2), sondern lassen den Webstuhl krachen (V.21).

- Weber wollen, dass das alte Deutschland mit der alten Ordnung, Regeln und Gesetzen untergeht, weben aber trotzdem noch einen dreifachen Fluch ins Leichentuch hinein (V.24).
  → Aggressionen werden nicht abgeschwächt.
- Deutschland (V.3) wird zu Altdeutschland (V.23), wem das Leichentuch gewebt werden sollte.
- Altdeutschland hat seine Funktion nicht erfüllt → Personifikation Deutschlands.
- Offenbart, dass die Weber mit Deutschland abgeschlossen haben.
- Das Leichentuch für das alte Deutschland wird erst noch fertig gewebt.
  → Parallele zu Büchners Einstellung, das das Volk noch nicht bereit dafür wäre.

- Das Gedicht beklagt die Ausbeutung durch die Fabrikbesitzer und die Autoritäten sowie die politischen Autoritäten → Drängen auf Veränderung wird deutlich.
- Weben ist eine einfache, monotone Arbeit, ist aber das, was die Weber ausmacht.
- Harte Arbeit der Weber steht im Vordergrund, Gefühle werden nur durch den Fluch ausgedrückt.
- Die erste und fünfte Strophe bilden einen Rahmen, um welches das Weberlied eingewebt wurde.
- Der Mittelteil schildert die Situation der Weber / des gesamten unteren Standes.
- Tiersymbolik wiederholt sich häufig, Weber vergleichen sich mit Hunden (V.2, 14).
- Werden als nicht ebenbürtige Personen gesehen und dementsprechend behandelt.
- Die „Sprache" der Weber wird nicht gehört, haben keine Stimme im Staat.
- Erschießung von Hunden kommt keine Bedeutung zugute, können sich nicht dagegen wehren.
  => Es geht den Webern hundeelend.
- „Fletschen"(V.2) ist aber auch eine Drohgebärde, Assoziation von Stärke, Kraft und Angst: Weber sind entschlossen weiter zu kämpfen.
- In den ersten vier Strophen endet der vierte Vers mit einem Gedankenstrich.
  → Gedanken und Gefühle der Weber werden unterbrochen, da sie sich auf die Arbeit fixieren müssen.

- *Gemeinsamkeiten zu „Die Weber."*
- Weber haben ihren Glauben verloren.
- Elend, Ausbeutung und Unterdrückung von den Reichen und dem Staates.
- Weber fühlen sich wertlos, aber Zusammenhalt schafft Stärke.
- Entschlossenheit der Weber.
- Kritik am Staatsapparat.
- Identifizierung über das Weben.

- *Unterschiede zu „Die Weber."*
- Heine stellt die Situation der Weber als aussichtslos dar, Hauptmann dagegen stellt die Möglichkeit eines Aufstandes als durchaus erfolgversprechend dar.

- **1.7 Hauptmanns Drama im Vergleich zur aristotelischen Dramentheorie.**
  - **Dramentheorie nach Aristoteles** (= geschlossenes Drama).
  - Aufgabe des Dramas: *Mimesis* = Nachahmung der Wirklichkeit durch Sprache.
  - Dabei sind zu beachten:
    1. Die formale Struktur (Freytags Pyramidenschema (I Exposition, II steigende Handlung, III Peripetie, IV retardierender Moment, V Katastrophe).
    2. Die *drei Einheiten*: Einheit des Ortes, der Zeit und der Handlung.
  - Aristoteles: Jede Szene muss notwendig sein, Überflüssiges soll verschwinden.
  - Ziel der Tragödie: *Katharsis* (Reinigung der Leidenschaften) durch körperliche Affekte (Jammern und Schaudern), Mitleiden soll von alltäglicher Belastung, Sorgen etc. befreien.
  - Ausgelöst durch „*phobos*" (Angst) und „*eleos*" (Mitleid).
    → Theater als Ventilfunktion gegen psychologischen Stress.
  - Lessing deutet Katharsis um: Mitleid und Furcht sollen Geist reinigen und Gesellschaft verbessern.

- **1.7.1 Handlung.**
  - „Boten aus der Fremde", Botenbericht, Teichoskopie.
  - Nur Momentausschnitte einer Handlung / Gespräches werden gezeigt.

- Lose Folge von Bildern und Situationen, Reihung.
- Szenen bilden einen eigenen Schwerpunkt.
- Mehrsträngige Handlung, aufgefächert, sprunghaft, mit Kurven und vielen Auslassungen.

=> *Kein klassischer Konflikt* oder ein sozialer Zustand sind Handlungsauslöser, sonder ein „Bote aus der Fremde."
- **ABER**: Szenen schließen einander chronologisch an.

- **1.7.2 Figuren.**
- Durchgehende **Dichotomie** (Zweiteilung) in Weber und Nicht-Weber (Unterteilung in Sympathisanten und Gegner).
- **„Boten aus der Fremde."**
- Bäcker bringt Bewegung in die starre Situation, droht aber wegen der Kündigung als Handlungsträger auszuscheiden.
  - → Arbeitsloser Bäcker wird durch anderen „Boten aus der Fremde" Jäger wieder in die Handlung integriert.
- **Karusselltechnik.**
- Wie in einem Karussell sieht man kurz einige Personen, welche wichtige Informationen oder Handlungen für den Dramenzusammenhang geben, die danach aber wieder vorbeisausen und nicht länger vorkommen.
- **Kollektivheld.**
- Die Weber organisieren und gruppieren sich von Akt zu Akt, deren Handlungen werden zielstrebiger und durch Jägers Führung militanter.
  - **1. Akt**: Die Uhr zeigt (drohend) zwölf Uhr (7/17) und es gibt Bewegung unter den Webern (17/33).
  - **2. Akt**: Jäger ließt das Weberlied vor, Baumert und Ansorge entschließen sich zum Aufstand (29/28-40).
  - **3. Akt**: Junge Weber ziehen unter Gesang mit Bäcker und Jäger zu Dreißiger weiter (43/25).
  - **4. Akt**: Die Weber bauen Hemmungen ab (50/13; 51/6; 55/4-11) und werden militanter (54/42 – 55/1).
  - **5. Akt**: Die Weber vertreiben die Armee unter Hurra-Rufen (71/12-16) und präzisieren ihre Ziele (66/42 die „Reichen" 67/5-6 die „Beamten" und „Birokratern").

=> *Untypisch für ein geschlossenes, aristotelisches Drama.*

- **1.7.3 Sprache.**
- Vielfalt der Sprechweisen, schlesischer Dialekt, prosaisch.
- Verschiedene Gesprächsformen; stockende, zerfahrene, sprunghafte Gespräche und Geplauder.
- Dem Dialekt wurde im Naturalismus eine besondere Aufmerksamkeit zuteil.
  - → Hatte davor schon die Bühne betreten.
- Zwischen dem Dialekt und dem Hochdeutsch verläuft eine klare soziale Linie, welche Auskunft über die sozialen Widersprüche gibt.
- Die einheitliche Sprechweise fasst die Weber einerseits und die gehobeneren, wohlhabenderen Bürger andererseits zusammen.
- Gebildetere Bürger (Wiegand, Chirurgus, Jäger) versuchen ihre Sprache oft mit Fremdwörtern aufzuwerten, welche sie aber falsch oder nur zufällig benutzen.
- **Besonderheiten in Hauptmanns Drama:**
- Polnische und slawische Wörter werden benutzt.
- Volksetymologisch benutzen die Figuren eingedeutschte Fremdwörter („sela" 8/22).
- Vorkommende Fremdwörter werden aus dem Französischen oder Lateinischen abgeleitet.
- Hauptmann verwendet auch eine *epische Vorwegnahme* des Aufstandes im Akt 4 und 5.
  - 1. Akt: „Die Uhr zeigt zwölf" (7/17), als Bäcker auftritt werfen ihm die anderen Weber „Blicke des Einvernehmens" zu" (8/28), Szene endet mit „Bewegung unter den Webern" (17/33).
  - 2. Akt: Bevor es mit Ansorges Schulden zu weit geht, muss man ihn „schonn lieber [...] naus" tragen (26/2), Baumert bittet Moritz „unsere Sache amal in die Hand" zu nehmen (27/8-9), Szene endet mit

Ansorges Ausruf „Wir leiden's nimehr, mag kommen, was will" (29/39-40).
- 3. Akt: Bäcker sagt „bedeutsam", dass „vielleichte [...] amal was vorgehen" wird (38/3), die Erfahrungen Wittigs aus der französischen Revolution deuten ebenfalls auf die künftigen Ereignisse hin.
- Wenn Dreißiger in Wut ist oder mit den Webern spricht, dann bekommt er einen dialektalen Einschlag.
- Kann sich einerseits in Raserei nicht länger beherrschen, andererseits will er damit vor den Webern verständlicher wirken und sein Mitgefühl ausdrücken, da er selbst Webervorfahren hat.
- Viele Regieanweisungen sind Teil der naturalistischen Kunstauffassung.
- Viele Anweisungen haben einen epischen Charakter, welcher szenisch schwer umsetzbar ist (Uhrzeit, Ortsangabe, Wetter etc.).
- Ausführliche Anweisungen haben einen eigenständigen erzählenden Wert oder verfolgen eine Art „stummes Spiel".

=> Solche Sprechweisen wären in einem geschlossenen Drama undenkbar gewesen.

- **1.7.4 Zeit und Ort.**
  - In jedem Akt rückt ein neuer Ort in den Fokus, dabei beschränkt sich die Handlung jedoch auf Schlesien.
  - Die einzelnen Akte spielen zu unterschiedlichen Zeiten, wann ist nicht immer klar ersichtlich, aber einiges ist herleitbar.
    - **1. Akt:** Dreißigers Haus in Peterswaldau (7/1-2), Ende Mai (wahrscheinlich 29.) 1844, 12 Uhr (7/17).
    - **2. Akt:** Stübchen des Wilhelm Ansorge zu Kaschbach im Eulengebirge (17/34-35), weniger als eine Woche nach dem vorigen Akt.
    - **3. Akt:** Schenkstube in Mittelkretscham zu Peterswaldau (30/1-2), eine Woche nach dem ersten Akt (31/1-2 „Liefertag bei Dreißiger" ist einmal pro Woche), ca. der 4. Juni 1844.
    - **4. Akt:** Privatzimmer des Dreißiger in Peterswaldau (43/34), Datum unbekannt.
    - **5. Akt:** Weberstübchen des alten Hilse in Langenbielau (56/11), historisch müsste es der 5. Juni 1844 sein.

=> Aristotelische Einheiten der Zeit und der Handlung (sowie des Ortes) ist nicht erfüllt.

- **1.7.5. Aufbau.**
  - Typisch naturalistisch, Fünfaktigkeit ist nur äußerer Schein um Erwartungen des Publikums zu erfüllen.
  - Äußere Form entsprach den tradierten Theatererfahrungen.
  - Akkumulation / Reihung von Szenen und Momentausschnitte einer Handlung sollen das Publikum zum Nachdenken anregen.
    - → Epische Reihung, keine Freytag'sche Pyramide.
  - Akt I – IV zeigt den immer steileren Anstieg der Handlung, Akt V den Absturz.
  - Viele Regieanweisungen sind Teil der naturalistischen Kunstauffassung.
  - Viele Anweisungen haben einen epischen Charakter, welcher szenisch schwer umsetzbar ist (Uhrzeit, Ortsangabe, Wetter etc.).
  - Ausführliche Anweisungen haben einen eigenständigen erzählenden Wert oder verfolgen eine Art „stummes Spiel".
  - Aufstand entsteht weder aus Konflikt noch aus sozialem Zustand, sondern durch **„Boten aus der Fremde."**
    - → Gebräuchliches Mittel um eine Handlung voranzutreiben.
  - Weber sind anfänglich nicht organisiert, werden von Dreißiger und seinen Angestellten unterdrückt, nehmen Lohnkürzung einfach hin.
    - Bäcker bringt Bewegung in die starre Situation, droht aber wegen der Kündigung als Handlungsträger auszuscheiden.
    - → Arbeitsloser Bäcker wird durch anderen „Boten aus der Fremde" Jäger wieder in die Handlung integriert.
  - Weber treten an die Seite des Jäger, welcher sowohl das Weberlied als auch militärische Kenntnisse besitzt.

- Haltung zum Aufstand wird von Baumert repräsentiert; die Anführer Jäger und Bäcker, der Erfahrungsträger Wittig und der Berichterstatter Hornig setzen die Handlung in Bewegung und organisieren die Dramatik.
- **Botenbericht** entsteht durch den „Boten aus der Fremde."
- Chirurgus Schmidt und Hornig schildern den Handlungsträgern eine Handlung, welche das Publikum nicht gesehen hat, welche aber die Handlung vorantreibt.
- **Teichoskopie** ist eine besondere Art des Botenberichtes, stammt aber nicht immer von einem „Boten aus der Fremde."
- Luise, Mielchen und die Hausbewohner des Hilse berichten über ein Ereignis, welches gleichzeitig in unmittelbarer Nähe stattfindet, vom Zuschauer und Handlungsträger aber nicht gesehen wird.

=> *Offenes Drama.*

- **2. Die Szenen im Werk[1].**
- **2.1 Erster Akt.**
  - **Wo?** Dreißigers Haus in Peterswaldau (7).
  - **Wie?** Groß, grau, trotzdem hell, mit Holzgestellen für das Parchent vollgestellt, große Fenster ohne Gardinen (7).
  - **Mobiliar:** Holzgestelle, großer Tisch für Pfeiffer, Bank für die Weber, kleiner Tisch für Neuhaus (7).
  - **Wann?** Schwüler Tag, Ende Mai (1844), vermutlich der 29., 12 Uhr (7).
  - **Personen:** Erste Weberfrau, Neumann, Pfeiffer, Lehrling Tilgner, Bäcker, Erster Weber, Baumert, Reimann, Heiber, Dreissiger, Weber.
  - Die Weber liefern ihre Waren beim Parchentfabrikanten Dreißiger ab (7).
  - Weber sind abgemagert, stehen in Reih und Glied, warten auf ihre Bezahlung, verzweifelte Mimiken, in Lumpen gekleidet, kaputte Knie, schmutzig, hüstelnd und zwergenhaft (7/23-33).
    → Drohend heißt es die Uhr schlägt zwölf (7/17).
  - Expedient Pfeiffer begutachtet die Waren und findet allerlei Mängel, welche den Lohn verkürzen sollen (8/22-25).
  - Pfeiffer beschwert sich über die Faulheit und Nachlässigkeit der Weber, könne keinerlei Qualität erkennen (9/2-5).
    - War früher selbst Weber und hat seine Arbeiten fleißig und emsig erledigt (9/8-12).
  - Die Weber betteln um mehr Geld und schildern ihre missliche Lage.
    - Baumert hat seinen Hund schlachten müssen um endlich wieder etwas Fleisch essen zu können (11/35-38).
    - Heiber hat eine kranke Tochter zu Hause, welche versorgt werden muss (9/22-25; 11/24-30).
    → Einige sehen den Tod als einzigen Ausweg, treffen damit die Gedanken von Vielen (15/1-5).
  - Die Weber tätigen häufig Ausrufe wie Oh Jesus, Jesus u.ä. (9/41f.).
  - Zeigt einerseits antrainierte Frömmigkeit und andererseits Verzweiflung.
  - Pfeiffer legitimiert die hohen Arbeitsnormen durch Gottes Willen, Gott könne den Webern bei der Arbeit helfen (in der Furcht Gottes seine Arbeit verricht't 10/4-6).
  - Erste Webersfrau rechtfertigt sich, arbeite hart, schlafe wenig und brauche eine Pause (10/9-20).
    → Appelliert an Pfeiffers Gerechtigkeitssinn (10/9).
  - Bäcker ist ein starker Weber, dessen Ware nicht bemängelt wird (8/26-29).
  - Fordert trotzdem einen höheren Lohn und will diesen in die Hand ausgezahlt bekommen (11/39-41; 13/26).
    => Provoziert somit das Auftreten des Fabrikanten Dreißigers (12/9-11).
  - Bäcker und Dreißiger streiten / beleidigen sich, letzterer ist aufgebracht über dieses Verhalten und droht mit einer Entlassung (12/26-29; 13/2-10).
  - Erkennt, dass Bäcker vor seinem Haus das Weberlied gesungen und randaliert hat (12/34-43).
    => Entlässt Bäcker und droht mit strafrechtlicher Verfolgung (13/2-5).
  - Achtjähriger Junge fällt in Ohnmacht, wird von Dreißiger in sein Büro gebracht (13/35-43).
  - Unterernährung wird von Dreißiger ignoriert und ein Arzt konsultiert (14/26-28, 30-31).

---

1   Reihenfolge der Seiten- und Zeilenangaben entspringen der Ullstein-Vassung von „Die Weber."
Hans Schwab-Felisch – Gerhart Hauptmann – Die Weber, Ullstein Verlag, ISBN 9783548240473

=> Arbeiterelend und Hunger trotz ausreichender Produktion an Nahrungsmitteln.
- Dreißiger sieht seinen Ruf durch das Arbeiterelend geschädigt, obwohl er sich für unschuldig hält.
- Weil er nicht schlecht dastehen möchte, monologisiert er über die Schwierigkeiten seines Berufes und seine Barmherzigkeit (15/17 – 16/43).
- Seine Arbeit sei deutlich anspruchsvoller als jene der Weber, sein Betrieb sei humaner als die Konkurrenz (15/37f.).
- Wegen der starken englischen Konkurrenz macht sein Betrieb kaum noch Gewinn, will aber aus Güte und Nächstenliebe trotzdem noch 200 neue Weber einstellen, was aber (indirekt) zu Lohnkürzungen führen wird (16/29-43).
- Weber stimmen ihm wegen seiner Machtposition und ihrer Abhängigkeit bedingungslos zu (16/9,20; 17/1).
- Als Dreißiger gehen möchte betteln viele Weber um Lohnerhöhungen (17/5f.), werden aber an Pfeiffer weitergereicht.
→ Pfeiffer reicht Verantwortungsbereich an Dreißiger weiter, Dreißiger zurück an ihn; Unwille den Webern höhere Löhne oder Almosen auszuzahlen.
- Szene endet mit „Bewegung unter den Webern" (17/33), was einen Ausblick auf den drohenden Konflikt darstellt.

- **2.2 Zweiter Akt.**
  - **Was?** Stube des Wilhelm Ansorge zu Kaschbach im Eulengebirge.
  - **Wie?** Es ist eng, nicht sechs Fuß hoch (= 1,80 Meter), dreckig, vielleicht alt, schlecht durchleuchtet, laut und die Türen sind niedrig.
  - **Mobiliar:** Webstühle, Schemel, Bett, Spulrad, Fußschemel, Fensterlöcher, die mit Stroh und Papier geflickt wurden, Ofen, Ofenbank, Brettstelle, Heiligenbilder, Gerümpel, alte Töpfe, Kochgeräte, Balken, Garnspulen, Weifen, Körbe mit leeren Spulen, Bündel Weidenruten und Viertelkörbe.
  - **Wann?** Abend.
  - **Personen:** Mutter Baumert, Emma, Bertha Baumert, Fritz, Wilhelm Ansorge, August Baumert, Frau Heinrich, Robert Baumert, Moritz Jäger.
  - Im Haus des Ansorge arbeitet Mutter Baumert mit ihren Töchtern Emma und Bertha sowie dem Sohn August während sie auf die Rückkehr des Vaters warten (18/1ff.).
  - Emmas Sohn Fritz schreit vor Hunger (19/1-5), ihr Mann ist an Tuberkulose gestorben (21/39-43).
  - Als Fritz nach der Höhe des Verdienstes des Großvaters fragt, fordert ihn Emma zum Schweigen auf (19/17-18).
  → Kindliche Naivität deckt die schwerwiegenden Probleme der Familie auf.
  - Mutter Baumert macht sich Sorgen, dass ihr Mann zu wenig Geld bekommt oder es für Branntwein ausgibt (19/25f.).
  → Elend und fehlende Perspektiven im Leben treiben Weber oft in Alkoholismus; „Lieblingsthema" des Naturalisten Hauptmann.
  - Bertha will mit August auf die Jagd gehen um etwas Fleisch essen zu können (19/33-34).
  - Ist aber verboten, da nur Fürsten das Jagdrecht besitzen, weshalb Mutter Baumert es verbietet (19/35).
  → Es ist ausreichend Nahrung zum Ernähren der Bevölkerung vorhanden, jedoch ist diese ungleichmäßig verteilt.
  - Ansorge wird gerufen das Licht zu entzünden (19/20), muss aus Sparsamkeit ablehnen, da es draußen noch hell genug sei (19/38-42; 20/1).
  - Frau Heinrich kommt vorbei, weil sie eine Verletzung am Fuß hat um welche sich Bertha kümmert (20/8f.).
  - Beide Frauen schildern sich ihre Situation, welche von Hunger, Krankheit und Hoffnungslosigkeit geprägt ist.
  - Herr Heinrich ist krank und kann seine Familie nicht länger ernähren (20/32-37).
  - Alter Baumert kommt mit Jäger heim und bringt (ein wenig) Essen mit (21/36-38).
  - Jäger ist stramm, gesund und welterfahren (21/23-27); berichtet von seiner Zeit im Militär (24/1-16) und verteilt Branntwein (24/20-24) → „Bote aus der Fremde."
  → Teilt seinen Reichtum mit der Familie; Gegenspieler des Pfeiffer, welcher seine Wurzeln vergessen

hat oder schlicht ignoriert.
- Erkundigt sich, ob Fritz auch der Armee beitreten werde (21/33-35).
  → Typisches Verhalten eines Soldaten, ist sich des Elends der Weber nicht bewusst.
- Beim Kochen der Speisen wird der kaputte Ofen bemängelt, welcher stark rußt (23/5-11).
  → Zusätzlich zur feuchten (und wahrscheinlich unhygienischen) Kammer stellt der rußende Ofen ein weiteres Gesundheitsrisiko dar; kein Bewohner wird besonders alt werden können.
- Jäger berichtet von seinem Fleiß im Militärdienst und den Auszeichnungen (23/43 – 24/16).
- Gespräch ist geprägt von Vergleichen der Gegenwart mit der Vergangenheit.
- Früher konnte ein Weber von seinem Lohn noch gut leben, heute bereichert sich der Fabrikant an seinem Elend (26/31-39).
  → Wenn man das Elend anspricht oder in die Zeitungen kommt, wird es nur beschönigt dargestellt.
- Die Baumerts haben seit einem halben Jahr keine Miete mehr zahlen können (23/16).
  → Sind auf die (begrenzte) Großzügigkeit des Hauseigentümers Ansorge angewiesen.
  → Weber schildern Jäger die sozialen Widersprüche, welcher darüber äußerst aufgebracht ist.
- Damals ist der Familie Baumert ein Hund zugelaufen, welchen sie lieb gewonnen haben, aber vier Wochen später schlachten lassen mussten (24/28-32).
- Da er seit langer Zeit kein Fleisch mehr gegessen hat, wartet oder teilt Robert das Hundefleisch nicht mit den anderen und beginnt zu essen (26/14-20).
- Sein Körper ist eine solche Nahrung nicht mehr gewöhnt, weshalb er sich übergeben muss (27/34-37).
- Ansorge berichtet von früheren Zeiten als er noch gut leben konnte, heute bleiben ihm im Jahr nur sieben Taler übrig und es muss Körbe flechten als Zusatzverdienst (25/6-23).
  → Kritik an der modernen Entwicklung und dem Kapitalismus.
- Robert fordert eine politische Vertretung der Weber (25/24-25), jedoch verharmlosen die Unternehmer und Politiker alle Fakten über das Elend (25/26-29).
- Ansorge hält den Tod als einzigen Ausweg für seine Lage (26/1-9), fürchtet aber gleichzeitig sein (emotional) wertvolles Haus zu verlieren (25/35-42).
- Jäger berichtet vom Luxus der Fabrikanten, welche immer genügend zu essen haben und im Reichtum schwelgen (26/21-30).
- Jäger beginnt das Lied vom Blutgericht anzustimmen, welches er mit Bäcker bereits vor Dreißigers Haus gesungen hatte (28/1f.).
- Jäger ist ein guter Mensch und will das Unrecht nicht dulden (27/12-16).
- Baumert und Ansorge fassen den Entschluss sich gegen die sozialen Missstände aufzulehnen (29/28-40).
- Mutter Baumert hat die Schere zwischen arm und reich immer akzeptiert, nur jetzt nicht mehr (27/23-25).
  => Abkehr von der Untertanenmentalität zum Willen eines Aufstandes (29/28-40).

- **2.3 Dritter Akt.**
  - **Was?** Schenkstube in Mittelkretscham zu Peterswaldau (30).
  - **Wie?** Großer Raum, Mittelpfeiler, mehrere Räume in der Schenke, kleiner Raum zwischen Schenksims und Likörschrank für den Schankwirt, Honoratorienstübchen, drei kleine Fenster, blau getünchte Wände (30).
  - **Wann?** 4. Juni 1844 (Liefertag bei Dreißiger ist einmal in der Woche, darum eine Woche später als 1. Akt (31/1-2).
  - **Mobiliar:** Tisch um den Mittelpfeiler, Fässer, Brauergerät, hölzerner Schenksims auf Manneshöhe, hübsche Lampe darauf, Rohrstühle daneben, alte Standuhr, Flaschen, Gläser, großer Kachelofen in der Ecke, Bank unter dem Fenster, hölzerner Tisch, Bänke mit Lehnen und je ein Holzstuhl, Plakate, Bilderbögen, Buntdrucke, Portrait von Friedrich Wilhelm IV. (30) → Welzel ist königstreu.
  - **Personen:** Scholz Welzel, Frau Welzel, Anna Welzel, Meister Wiegand, Reisender, Lumpensammler, Hornig, Wilhelm Ansorge, Robert Baumert, Junger Förster, Bauer, Moritz Jäger, „roter" Bäcker, Schmied Wittig, Gendarm Kutsche.
  - Fabrikant Dreißiger stellt 200 neue Weber ein, 600 sind gekommen (31/6-8).
    → Hohe Arbeitslosigkeit in Schlesien, Menschen sind bereit sich für einen Hungerlohn zu schinden, besser als betteln zu gehen.

- Weber Fabrich ist wegen Unterernährung gestorben (31/14-18) und wird wie ein König in einer festlichen Zeremonie begraben (31/20-26).
- Reisender versteht den ganzen Aufwand nicht, betrachtet es als Geldverschwendung.
  → Außenstehende betrachten Elend zu rational, für Weber ist alles emotional und religiös.
- Wiegand erklärt dem Reisenden, dass die Weber einem „Aberglauben" verfallen sein und es für ihre pflichtgemäße Schuld betrachten ihren Eltern ein anständiges Begräbnis zu ermöglichen (32/1-12).
- Wiegand verteidigt dies, da Geistliche auch etwas verdienen müssen und von geheimen Begräbnissen abraten (31/15-23).
- Versucht diesen zu beeindrucken und seine niedere Herkunft zu verheimlichen indem er versucht wie ein Angehöriger der gehobenen Klasse zu reden (31/35-36).
- Reisender flirtet mit Anna (31/27-33; 32/35f.) und beide reden über ihre Abneigung gegenüber einer Heirat (32/33f.).
- Reisender trägt einen Ring am Finger (32/39-33/2); ist entweder ein Lügner um Frauen zu beeindrucken oder ein Weiberheld.
  → Sinnlichkeit und Lust am Leben findet sich nur bei den Wohlhabenden, die Weber haben bis auf den Alkoholismus keine Chance darauf.
- Robert Baumert und Wilhelm Ansorge betreten die Gaststube, da letzterer eine Anstellung sucht (33/16-20).
- Der Reisende ist erstaunt über das Äußere der beiden Männer (33/29-37).
  → Ist die „Zivilisation" gewöhnt und hat solche Verwilderung noch nie gesehen.
- Reisender ist gebildet (spricht französisch (33/9 ;34/7-8)) und war bereits in Berlin (34/6-9).
  → Zeigt Schwere zwischen arm und reich auf.
- Anna ist unentschlossen über ihre Zukunft, was der Vater ablehnt (34/14-26).
- Mutter verteidigt das Lebensgefühl der Anna, da Dreißigers Großvater auch vom Weber zum Fabrikanten aufgestiegen ist (34/17-23).
- Wiegand hat auch groß gedacht und nun ein Unternehmen mit sieben Gesellen (34/24-26).
=> Streben nach höheren Zielen wird aufgewertet.
- Hornig tritt auf und kritisiert Wiegands Beruf, da er mit den Toten Geld verdient anstatt ihnen zu helfen (34/31 – 35/6).
  → Habgier der Menschen offenbart sich nicht nur in Dreißigers Position, sondern auch in unbedeutenderen Personengruppen, welche die Möglichkeiten sehen.
- Förster und Bauer betreten die Gaststube (35/14-15).
- Förster hat den Holzdieben eine Axt weggenommen (34/29-31).
- Arme Weber haben weniger aus Habgier als aus der Notwendigkeit Holz gehackt (35/32 – 36/2).
  → Dieses Privileg ist nur dem Adel und den Fürsten vorenthalten.
  => Was die Unternehmer den Webern nicht wegnehmen, das nimmt sich der Fürst (36/3-4).
- Der Bauer hat kein Mitleid mit dem Weber, welcher alle Habe im Sturm verloren hat (36/18-23).
- Bauer spricht harte Worte: Weber haben keinerlei Qualifikationen und werden deshalb schlecht bezahlt (36/35-42).
- Unterstellt den Webern in guten Zeiten nichts aufgehoben zu haben (36/21-24).
  → Bauern geht es besser als den Webern, können sich wenigstens ernähren.
  => Weber bekommen von niemandem Hilfe und sind auf sich allein gestellt.
  => Solidarität der Unterdrücker, keine Besserung der Lage in Sicht.
- Leinenweber in den Bergen haben es am schlimmsten von allen (37/4-14).
- Ein Beamter der Regierung wurde entsendet um die Lage zu überprüfen (37/15-17).
- Hornig kennt sich aus, Beamte schauen nicht gründlich genug nach, Übersehen des Elends ist gewollt (37/16-34).
  → Hornig ist resigniert, da niemals Hilfe kommen wird.
- Bäcker und Jäger führen die Schar der Weber in die Gaststube (37/39f.).
  => Ausbruch des jüngsten Gerichtes wird verkündet (40/7-11).
- Jäger hat ihnen Impfungen (38/7-9) und Schnaps ausgegeben (38/14-18).
- Die Masse singt das Weberlied und wird von Welzel zum Schweigen aufgefordert (38/38-42).
- Weber wollen zu Dreißiger weiterziehen (39/2).
- Wittig tritt auf und möchte nichts mit der aufrührerischen Meute zu tun haben (39/6-10).

- Macht sich über Baumert lustig als er erkannt hat, dass er mitmachen will (39/24-30).
  → Wittig hält sich im Hintergrund, glaubt nicht an den Erfolg dieses undisziplinierten Haufens.
  → Baumert sei zu alt um sich gegen das System aufzulehnen, sieht Aufstand als Ausbruch jugendlichen Leichtsinns an.
- Wittig lehnt Aufforderung zum Mitmachen ab, spricht von seinen Erfahrungen aus der französischen Revolution (39/33-37).
- Jäger möchte sich daran ein Beispiel nehmen und wird von Wittig gezügelt (40/40 – 41/8).
- Polizist Kutsche betritt das Wirtshaus und aus Angst schweigen alle Weber (41/10-13).
  => Kameradschaftliche, ausgelassene Stimmung wird vom Eindringling Kutsche gestört.
- Wittig und Bäcker sticheln den Polizisten (41/23-41).
- Wittig wird ermahnt, da er bereits früher negativ aufgefallen ist (41/42 – 42/5).
- Wittig geht zur offenen Provokation und Drohung gegenüber Kutsche über (42/6-22).
- Kutsche ist eingeschüchtert (42/25-28 Regieanweisungen), verbietet den Gesang des Weberliedes und verlässt das Wirtshaus (42/31-36).
- **Bedeutung der Szene:**
- Hauptmann zeigt verschiedene Anpassungsstrategien an diese Situation.
- Hornig verdient sein Geld mit Lumpen sammeln.
- Welzel hat ein Gaststube eröffnet und profitiert vom Alkoholismus der Weber.
- Wiegand ist Tischler und profitiert am Tod der Weber indem er Särge zimmert.

- **2.4 Vierter Akt.**
- **Wo?** Privatzimmer des Fabrikanten Dreißigers in Peterswaldau (43).
- **Wie?** Luxuriös ausgestattet im Stil des Anfangs dieses Jahrhunderts, weißer Ofen, Türen, Decke, geblümte, gradlinige kaltgraue Tapete, Möbel geschnitzt worden, reich verzierte Möbel (43-44).
- **Mobiliar**: Ofen, Tapete, rotüberzogene Polstermöbel aus Mahagoniholz, Schränke, Stühle (43-44).
- **Personen**: Joseph Kittelhaus, Weinhold, Rosa Dreißiger, Wilhelm Dreißiger, Frau Kittelhaus, Pfeifer, Polizeiverwalter Heide, Gendarm Kutsche, Moritz Jäger, Kutscher Johann, „roter" Bäcker, Robert Baumert, Schmied Wittig, Anton Ansorge.
- Kittelhaus lernt Weinhold in die Aufgaben eines Hauslehrers ein (44/19f.).
- Dreißiger und Kittelhaus wollen Whist (englisches Kartenspiel) spielen (50/21-19).
- Aufstand erreicht die Tore von Dreißigers Haus, erkennt Bäcker in der Masse (45/31-33).
- Dreißiger sucht einen Vorwand um ihn zu verhaften und drängt seine Frau ihn zu beschuldigen 45/32-33).
- Weinhold verteidigt die Einstellung der Weber, erkennt ihre Lage und Bedürfnisse (46/10-13).
- Kittelhaus weist Bestrebungen den Webern zu helfen als jugendliche Streiche, welche die öffentliche Ruhe und Ordnung stören, zurecht (44/33 – 45/6).
- Wegen der Meinungsverschiedenheit mit Dreißiger wird Weinhold entlassen (46/17-26).
- Herr und Frau Kittelhaus machen seine Jugend dafür verantwortlich und verteidigen ihn (46/34-40).
- Polizeiverwalter Heide und Gendarm Kutsche rücken an um Dreißiger zu schützen (47/20, 41).
- Kuschen vor ihm (47/22-23) und wollen an Jäger ein Exempel statuieren um die Gunst Dreißigers zu gewinnen (48/6-7).
- Färbereiarbeiter haben Jäger gefangen genommen (48/10).
  → Stehen treu und loyal zu Dreißiger, fürchten ihre Anstellungen zu verlieren, glauben nicht an Erfolg des Aufstandes.
- Kittelhaus möchte Jäger zureden (49/9-28) während draußen die Menge seine Freilassung fordert (49/30/31).
- Webermasse bedient sich Tiergeräuschen (50/13), verfällt in animalische Sittenlosigkeit.
- Jäger greift Ausbeutung mit Gottesebenbildlichkeit und christlichem Gleichheitsideal an (49/25 („Quäker" ist ein Schimpfwort für eine religiöse Gruppe, welche an de Präsenz Gottes in jeden Menschen glaubt)).
- Jäger greift Rosa persönlich an, indem er sie als Scholzentochter entlarvt (50/17-19).
- Dreißiger schimpft über den Humanitätsgedanken (46/18-21) und die jenen verbreitenden „Demagogen", welche die Weber zum Aufstand antreiben (50/39 – 51/5).

- Opportunist Dreißiger hofft aus der Situation Profit herauszuschlagen und die Politik zu Privilegien zugunsten der heimischen Wirtschaft überzeugen kann (51/10-22).
  => Joseph Kittelhaus sieht im Aufstand eine Revolution (51/39).
- Als die Polizisten Jäger abführen, fühlt sich Dreißiger sicher und scherzt über die Situation, über welche er sich zuvor heftig aufgeregt hatte (50/21-29).
- Pfeifer stürmt hinein, verbreitet Panik und möchte Schutz von Dreißiger erbitten (51/22f.).
- Bettelt unterwürfig, da er um sein Leben fürchtet.
- Schar an Webern fordert explizit Pfeifer als erstes (und leichtes) Opfer (54/11-12).
- Kittelhaus sieht es als seine göttliche Pflicht die Menge zu beruhigen (52/26-31).
- Vergleicht sich mit Jesus, welcher sich mutig für die Sünder einsetzte und für diese starb (52/34-36).
  => Kutsche, Heide (51/6) und Kittelhaus (54/2-3) werden verprügelt (und fortgejagt).
- Johann eilt zur Stelle und will Frauen in Sicherheit bringen (52/13-19).
  → Denkt mit, ist treuer Untergebener der Fabrikanten und möchte Anstellung nicht verlieren.
- Pfeifer und Dreißiger schließen sich der Flucht an (54/36).
- Die Weber dringen in das Gebäude ein, sind (kurz) vom Luxus beeindruckt (55/3-11) und beginnen dann mit der Zerstörung des Eigentums (55/38).
  → Radikalisierung durch die Jüngeren setzt ein, Morddrohungen werden ausgestoßen, Ältere sind gehemmt (55/16-17).
- Bäcker möchte zu Dittrichen weiterziehen um die mechanischen Webstühle zu demolieren (55/40-42).
- „Das ganze Elend kommt von a Fabrikanten" (55/42).
- Anspielung Hauptmanns an Dierigwerke in Langenbielau, welche voll technisiert mit Lochkartensystem ausgestattet waren und sogar farbige Gardinen (= riesig-große Stoffbanden) weben konnten.

- **2.5 Fünfter Akt.**
- **Wo?** Weberstübchen des alten Hilse in Langenbielau.
- **Wie?** sehr eng, niedrig, flach, baufällig, schadhaft verputzt, ärmlich.
- **Mobiliar:** Webstuhl, Bett, Tisch, Bett, Holzschemel, Ritsche, Spulrad mit Garnwinde, altes Spinn-, Spul- und Webegerät, Holztreppe, Waschfaß, ärmliche Wäschestücke, Hausrat armer Leute.
- **Personen:** Gustav Hilse, Mutter Hilse, Luise Hilse, Gottlieb Hilse, Lumpensammler Hornig, Mielchen Hilse, Chirurgus Schmidt, „roter" Bäcker, Robert Baumert, Moritz Jäger, Schmied Wittig, Hausbewohner, junge Weber, Webersfrauen, Weberschar.
- Gustav, Gottlieb und Luise sind bei der Morgenandacht, fast blinde fast lahme Mutter hört zu (56/32 – 57/11).
- Hilse kümmert sich gut um seine (schwer) kranke Frau (57/22-24).
  → Zeichen wahrer Liebe, wenn man sich nicht mit schwerwiegenden Dingen (wie einem Aufstand oder Existenznöten) befasst, hat man auch die Zeit für die einfachen Dinge des Lebens (wahre Liebe).
- Luise sieht die Lage nicht derart positiv und kritisiert Hilses Lebensstil (57/29-32).
- Mielchen ist zum Fabrikanten Dreißiger aufgebrochen um Garn abzuliefern (57/12-13).
- Hornig tritt auf und berichtet vom Aufstand, erzählt, dass Dreißiger verjagt wurde, in Reichenbach nicht aufgenommen werden wollte und nach Schweidnitz fliehen musste (58/11-16).
  → Parallele zum historischen Aufstand, verdeutlicht Bedeutung des Aufstandes, selbst für umliegende (weit) entfernte Dörfer.
  => Kunde vom Aufstand verbreitet sich schnell, ruft Ängste bei den Reichen hervor und veranlasst arme Weber sich anzuschließen und aufzubegehren.
- Gustav Hilse will das zuerst nicht wahrhaben, hält die Weber für anständige, gläubige und tüchtige Menschen (58/41-43; 59/32-38).
  → Kommt aber selten unter die Menschen, kennt die Webermasse daher nicht ausreichend genug für ein differenziertes Urteil.
- Hornig hat dem Landrat die aufständischen Weber gezeigt (59/1-7) und Mut in deren Gesichtern vernommen (59/14-17).
- Hausbewohner und Luise teilen diese Gemütsstimmung (59/18-22), Hilse lehnt diese entschieden ab (59/32-38).
- Mielchen kehrt mit einem gefundenen Silberlöffel zurück, womit sie Hornigs Aussage bestätigt

(59/39f./).
- Gustav und Gottlieb wollen nicht wegen Diebstahl angeklagt werden (60/7-11), Gottlieb will den Löffel zurückbringen (60/25-28).
- Schmidt tritt auf und untersucht die Familie (61/1ff.).
- Im Gespräch mit Gustav drücken beide ihre Abneigung gegenüber einem Aufstand aus (61/10-15, 23-41).
- Während Schmidt noch über den Aufstand spricht, hört man draußen das Weberlied erklingen (61/35).
- Gottlieb kehrt zurück da die aufständische Masse den Ort erreicht hat(61/42f.) und soll sich mit Hilse dem Baumert anschließen um sich gemeinsam an den Fabrikanten zu rächen (62/13-22).
- Ist fasziniert von der Solidarität und der Abwechslung in seinem tristen Alltag (62/11), fürchtet aber seinen Vater → Ist unentschlossen, ob er sich dem Aufstand anschließen solle.
- Hilse hat eine jenseitige Hoffnung und will sich das Paradies nicht mit dieser Sünde verspielen (64/18-23).
- Luise beschimpft und beleidigt Gustav und Gottlieb (62/27-31; 63/16).
→ Provokation an die Mannesehre, Gottlieb wird unmittelbar zum Handeln gedrängt.
- Luise erstellt ein Programm mit Mindestforderungen einer (jungen) Mutter (Nahrung, Kleidung, Hygiene) (62/38 – 63/14).
- Nachdem sie ein Kind verloren hat, da es an diesem Programm mangelte, hat sie den Halt im Glauben verloren → Versucht beeinflussbaren Gottlieb zum Handeln zu provozieren.
- Gustav versucht Gottlieb vom Sündigen abzuhalten, indem er ihn von seinem Kriegsdienst gegen Napoleon erzählt (63/31 – 64/8).
- Kontrastfigur zu Wittig, welcher über die Diktatur von Robespierre spricht und somit für die napoleonische Eroberung und damit einhergehende Modernisierung Europas war.
  - Die Befreiungskriege haben zwar das Nationalbewusstsein des Volkes angeregt, aber einen konservativ-restaurativen Prozess begonnen.
  - Hat dort einen Arm verloren im Kampf für sein Vaterland, hat seine Pflicht erfüllt (63/34-37).
  - Er kennt sich mit Ausbeutung und ungleicher Besitzverteilung aus (64/6f.).
  → Möchte lieber heute als morgen sterben (64/5).
  => Kriegserfahrungen und Verlust haben seinen Glauben gestärkt.
  => Hat sein Leben nur mit der Hoffnung auf ein Paradies weiterleben können.
- Weber haben die Fabrik des Dittrich zerstört und ziehen zum nächsten Fabrikanten (64/36 – 65/2).
- Dieser hing ein Schild aus, worin er eine Entschädigung sozusagen als Schutzgeld anbietet (65/12-17).
- Bäcker und Baumert kommen hinein und wollen Hilse zum Aufstand überreden (65/31; 66/1f.).
- Sind alte Bekannte, Baumert ist der Pate von Gottlieb (62/13).
- Baumert hat einen geschlachteten Hahn für die Familie Hilse dabei (67/14-16), Jäger hat Kavalleriesäbel ergattert (66/35).
  → Nächstes Ziel wird Breslau sein (67/6), man will sich nicht mehr nur auf die Fabrikanten wenden, sondern auch gegen die Reichen (66/43) und Beamten (67/4-5) vorgehen.
  => Spontaner Maschinensturm wandelt sich zum planvollen Angriff gegen die Macht.
- Baumert erzählt vom neuen Leben, welches nun begonnen habe und von der Solidarität der Weber (66/21-34).
- Baumert will wenigstens den Frauen der Familie helfen und Nahrung geben (67/14-16).
  → Mutter Hilse lehnt ab (67/19-20), steht treu zu Gustav und teilt seinen Glauben.
- Hilse prangert den Gerechtigkeitssinn von Jäger und Co. an (67/21-27).
- Jäger ist sehr verstört darüber, fühlt sich im Recht mit seinen Taten (67/29-30).
- Wenn Hilse nicht mitzieht, ist er gegen die Weber und den Aufstand (67/28).
- Jäger übernimmt die Führung (68/13-15) und leitet die Weber gegen die herangerückte Armee (68/9-10).
- Nachdem eine Salve abgefeuert wurde, fallen einige Weber, der Rest kämpft umso entschlossener (69/42f.).
- Gottliebs Gehorsam und Loyalität gegenüber dem Vater wird von Luise verhöhnt (68/29-33).
- Gottlieb muss sich anhören, dass seine Frau mutiger als er sei (68/37-40; 69/36-39).
  → Angriff auf Mannesehre und öffentliche Bloßstellung kann er nicht länger ertragen.

=> Gottlieb schließt sich den Kämpfen an.
- Ein Querschläger trifft Hilse, während die Weber das Militär siegreich vertreiben (71/11-16).
- Mielchen nähert sich dem Vater und erkennt, dass dieser tot ist (71/17ff.).

- **3. Die Personen im Werk.**
- Das besondere hierbei ist die sogenannte **Karusselltechnik.**

- Wie in einem Karussell sieht man kurz einige Personen, welche wichtige Informationen oder Handlungen für den Dramenzusammenhang geben, die danach aber wieder vorbeisausen und nicht länger vorkommen.
  - Diese Personen sind u.a. Weber Heiber, Weber Reimann, Neumann, Tilgner, Mutter Baumert, Emma, Bertha Baumert, Fritz, August Baumert, Frau Heinrich, Scholz & Frau Welzel, Anna Welzel, Meister Wiegand, Reisender, Förster, Bauer, Joseph Frau Kittelhaus, Weinhold, Rosa Dreißiger, Polizeiverwalter Heide, Kutscher Johann, Gustav & Mutter Hilse, Gottlieb & Luise Hilse, Mielchen Hilse, Chirurgus Schmidt sowie zahlreiche Webermänner und -frauen.
- Des Weiteren wird vom sogenannten **Kollektivhelden** gesprochen.
- Hauptmann lässt sich hierhin von Büchner beeinflussen.
- Nur Baumert und das Weberlied treten in jedem Akt auf, es gibt somit einen klassischen Protagonisten.
- Die Weber organisieren und gruppieren sich von Akt zu Akt, deren Handlungen werden zielstrebiger und durch Jägers Führung militanter.
- **1. Akt**: Die Uhr zeigt (drohend) zwölf Uhr (7/17) und es gibt Bewegung unter den Webern (17/33).
- **2. Akt**: Jäger ließt das Weberlied vor, Baumert und Ansorge entschließen sich zum Aufstand (29/28-40).
- **3. Akt**: Junge Weber ziehen unter Gesang mit Bäcker und Jäger zu Dreißiger weiter (43/25).
- **4. Akt**: Die Weber bauen Hemmungen ab (50/13; 51/6; 55/4-11) und werden militanter (54/42 – 55/1).
- **5. Akt**: Die Weber vertreiben die Armee unter Hurra-Rufen (71/12-16) und präzisieren ihre Ziele (66/42 die „Reichen" 67/5-6 die „Beamten" und „Birokratern").
- Es gibt eine strikte **Dichotomie** im Drama.
- Es wird in Weber und Nicht-Weber unterteilt.
  - Die Weber ähneln einander, sind alle arm, ausgebeutet, flachbrüstig, hüstelnd, zwerghaft (7).
  - Die Weberinnen sind aufgelöst, gehetzt, abgetrieben aber die jungen Mädchen haben trotzdem noch ihren Reiz mit ihrer wächsernen Blässe, zarten Formen und schönen Augen (7).
  - Die Weber werden von den Fabrikanten, deren Angestellten, den Fürsten, der Polizei und dem Militär ausgebeutet und unterdrückt..
  - Selbst die Bauern unterdrücken die Weber, da letztere auf ihren Böden Häuser bauen durften (36).

- **3.1 *Die Familie Dreißiger.***
- Die Familie Dreißiger besteht aus Wilhelm und Rosa sowie deren Söhnen Jorgel und Karl (52/14).
- Sie ist wohlhabend und besitzt ein großes, luxuriöses Haus (43/34f.).

- **3.1.1 Wilhelm Dreißiger** (46/27).
- **Allgemeine Informationen über Dreißiger.**
- Anfang vierzig, fett, asthmatisch (12/12).
- **Informationen zu Dreißigers Charakter.**
- Unterdrückt die Weber durch Befehle an Pfeifer (10/1-6).
  → Leitet seine Kompetenzen an Pfeifer weiter um sich nicht mit „Nebensächlichkeiten" abgeben zu müssen.
- Ist streng, autoritär, reizbar (12/20,26), geschäftsmäßig (12/30) und ein Wichtigtuer (12/15-16).
  → Seine gehobene Stellung und Autorität wird auch an seinem Hochdeutsch deutlich.
- Zittert bei Aufregung (12/27, 34) → Ist Gehorsam gewöhnt und von Ungehorsam überfordert.
- Spuckt große Töne als er am Fenster in Sicherheit steht (45/31-33; 49/32-33).
- Als Jäger vor ihm steht, verstummt er und sagt kaum etwas (48/27; 49/4).

→ Ist weder mutig noch stark, ein typischer Bürokrat, welcher selten mit seinen Arbeitern Umgang hat.
- Abseits des Geschehens schimpft er über die Aufständischen und stößt Drohungen aus (47/8-19; 48/8-9).
- Geht streng gegen liberal-soziale Bestrebungen der Weber (12/39-43; 13/2-5) und Angriffe gegen ihn vor (47/8-19; 48/8-9).
- Will seinen äußeren Schein wahren und als gut angesehen werden.
- Erbarmt sich dem umgekippten Jungen zu helfen, bietet ihm sogar Kognak an (14/13-32).
  → Will ihn aber nicht wirklich helfen, ignoriert sein Leid (14/26-28).
- Monologisiert über die Verantwortung der Eltern und will als unschuldig am Elend der Weber gesehen werden (15/17ff.).
- Fühlt sich missverstanden, seine Arbeit sei schwerer als jene der Weber (15/32f.).
  → Fühlt keine Reue für seinen harten Umgang mit den Webern.
- Sein Unternehmen wird als arbeitnehmerfreundlicher als die Konkurrenz dargestellt (16/13-16).
- Spricht davon, dass er keine Weber benötigt, könnte das Geschäft auch schließen, aber aus Barmherzigkeit lässt er es offen (16/21f.).
- Will deshalb 200 arbeitslosen Webern eine Stelle anbieten (17/2-4).
  → Spricht deshalb mit dialektalem Einschlag um Verständnis zu vermitteln.
- Ist stets in Eile und muss sich um die Geschäfte kümmern, vernachlässigt damit die Gefühle und Bedürfnisse seiner Frau (45/18).
- Behandelt Rosa nicht ebenbürtig, hält sie für dumm (45/19), kommandiert sie herum (45/16-17).
- Will Kontrolle über sie ausüben und sie beeinflussen (45/35-42).
  → Behandelt Rosa wie ein Kind, welches er richtig erziehen muss.
  → Verfolgt einen persönlichen Rachefeldzug gegen Bäcker und will ihn verhaften lassen.
- Letztlich verteidigt er Rosa aber doch und will sie schützen (53/25-26).
- Aber auch dabei steht er seiner Frau nicht zur Seite, sondern widmet dem Geld mehr Aufmerksamkeit (53/26-27) → Zeigt wo Dreißigers Prioritäten im Leben liegen.
- **Beziehungen zu anderen Personen.**
- Ist verheiratet mit Rosa.
- Kümmert sich um die Erziehung seiner Söhne (46/16-20).
- Behandelt seine Untergebenen nicht ebenbürtig, weder die Weber (15/17ff.) noch Pfeifer (52/1) oder Weinhold (46/16-20).
- Pflegt enge Freundschaften mit der gehobenen Klasse (50/21-29 „Whist spielen").

- **3.1.2 Rosa Dreißiger** (45/22).
- **Allgemeine Informationen über Rosa.**
- Dreißigjährige, hübsche, kernige und robuste Frau (45/7-8).
- Ist stilvoll gekleidet („Toilette" (45/10) ist ein langes, festliches Damenkleid).
- Ihre Art zu reden und sich zu bewegen entspricht nicht den Erwartungen.
- **Informationen zu Rosas Charakter.**
- Fühlt sich missverstanden und einsam (45/10-13).
- Lässt sich von Dreißiger beeinflussen und kontrollieren (45/35-43).
- Ist unglücklich über Dreißigers Umgang mit ihr (45/13).
- Ist lösungsorientiert und einfühlsam, nicht impulsiv (46/27-31).
  → Kontrastfigur zu Dreißiger.
- Ist etwas dümmlich, schwer vom Begriff, erfüllt von kindlicher Unschuld (52/16, 21-22).
- Stellt sich das Leben sehr einfach vor, denkt linearkausal (53/8-13).
- Hat entweder keine Kenntnis von der Ausbeutung durch ihren Mann und dem Elend der Weber oder möchte es irgendwie rechtfertigen (53/16-21).
  → Kennt womöglich die Arbeitsweisen ihres Mannes nicht ausreichend gut um ein differenziertes Urteil fällen zu können, hat sich von seinen Reden beeinflussen lassen, hält ihn für unschuldig.
- **Beziehungen zu anderen Personen.**
- Ist verheiratet mit Wilhelm Dreißiger.

- Ist Tochter von Scholz Welzel (33/7; 50/17-20).
- Pflegt eine Bekanntschaft mit den Kittelhaus'.

- **3.2 Dreißigers Angestellte.**
- Dreißigers Angestellte genießen eine gehobenere Stellung als die Weber und werden besser bezahlt.
- Sie werden von Dreißiger handverlesen und müssen sich dementsprechend verhalten um nicht entlassen zu werden.
- Werden sogar als Beamte bezeichnet (13/11), was ihren hohen sozialen Rang mehr als verdeutlicht.
  → Aber auch das politische Gewicht des Dreißiger.

- **3.2.1 Pfeifer, Expedient.**
- **Allgemeine Informationen über Pfeifer.**
- Ehemaliger Weber, wohl genährt, gut gekleidet, rasiert, starker Schnupfer (8/14-16).
- Vertritt Herrn Dreißiger und untersucht die Qualität der Weberwaren (8/22-23).
- **Informationen zu Pfeifers Charakter.**
- Unterstellt den Webern Faulheit und klagt über die Qualität der Waren (9/8-12).
- Ignoriert das Leid und die Hoffnungslosigkeit der Weber („wer gut webt, der gut lebt" 10/40).
  → Hat entweder seine Wurzeln vergessen oder ignoriert sie strikt oder aber hat das Elend der aktuellen Zeit noch nicht miterlebt.
- Erinnert sich an seine Tage als Weber (9/8-12).
  → Kritik an der Moderne geübt.
- Lässt sich nicht erweichen, ist kalt und berechnend (9/14, 10/32-34).
- Appell an den Gerechtigkeitssinn lässt ihn unberührt (10/9-21).
- Kann keine Gnade zeigen, muss Dreißiger Rechtschaffenheit zollen (10/1-6).
  → Kompetenzverschiebung an Dreißiger um seinen Kopf aus der Schlinge zu ziehen.
  => Ist sich gar nicht bewusst, dass er die Weber ausbeutet, sieht es als selbstverschuldetes Elend an.
- Geht einer direkten Konfrontation aus dem Weg indem er sich hinter Dreißiger versteckt.
- Bäcker insistiert auf ein höheres Gehalt (12/9-11).
- Die aufständische Webermasse möchte ihn ausgeliefert bekommen (54/21-32).
  → Ist weder mutig noch tapfer, braucht eine starke Hand, welche ihn beschützt und antreibt.
  => Idealer Untertan.
- **Beziehungen zu anderen Personen.**
- Ist Angestellter bei dem Fabrikanten Dreißiger (8/14f.).
- Sieht auf die anderen Weber hinab (8/22-25; 9/8-12; 26-32).
- Wird von den anderen Angestellten Neumann und Tilgner in seiner Position unterstützt (10/7-8).
- Hat eine Frau und Kinder (54/32-33).

- **3.2.2 Neumann, Kassierer.**
- **Informationen zu Neumanns Charakter.**
- Ist effizient und kühl (8/8-11).
  - Bringt den Webern kein Mitgefühl entgegen (10/7-8).
  - Besitzt eine infantile Art (10/24-26).
  → Hat selten direkt mit den Webern zu tun (8/8-11), weshalb er sich über sie lustig machen kann ohne etwas zu befürchten.
- **Beziehungen zu anderen Personen.**
- Ist beim Fabrikanten Dreißiger angestellt.
- Versteht sich gut mit Tilgner, lernt ihn vermutlich an.
- Unterstützt die Position Pfeifers (10/7-8).
- Behandelt die Weber von oben herab und zeigt kein Mitgefühl (10/7-8).

- **3.2.3 Tilgner, Lehrling** (13/28).
  - Bringt den Webern keinerlei Verständnis entgegen (8/21).
  → Kann und will sich gar nicht in deren Lage hineinversetzen.

- Lässt sich von Dreißiger bedingungs- und widerstandslos herumkommandieren (13/29).
  → Kein Selbstbewusstsein, fügt sich der Autorität, typischer Biedermeier.
- Typischer Mitläufer, passt sich an die Situationen an, Opportunist (ohne Erfolg) (10/27-28).

- **3.2.4 Johann, Kutscher.**
- Ist ein loyaler Angestellter von Dreißiger.
- Will in dessen Gunst aufsteigen und bewahrt seine Frau und ihn vor dem drohenden Unheil (52/13-15).
- Ist sorgfältig und lieber übervorsichtig als irgendetwas im Nachhinein zu bereuen (52/17-19).
- Urteilt über den Aufstand und die Weber (52/23).
  → Zeigt kein Verständnis für deren Lage, ist solchem Elend bestimmt nie ausgesetzt gewesen.
- Ist höflich und zuvorkommend (52/13; 53/34).

- **3.3 *Die gehobene Klasse.***
- Im Haus des Dreißiger sammelt sich der Klerus.
- Dieser kennt sich untereinander gut und ist eng miteinander befreundet.
  → Freundschaft zwischen Unternehmern und Klerus beruht auf deren Ansicht, die Lage der Arbeiter sei gottgewollt und Reichtum ein Zeichen der Gunst Gottes.
- Im Gegensatz zu den Webern werden dieser Vertreter der Obrigkeit nicht als Einheit dargestellt, es kommt zu „klasseninternen" Meinungsverschiedenheiten und Anfeindungen.
  → Hebt die Bedeutung des Kollektivhelden „Weber" hervor.

- **3.3.1 Weinhold.**
- **Allgemeine Informationen über Weinhold.**
- Ist Hauslehrer, neunzehn Jahre alt, mager und besitzt langes, blondes Haar (44/29-30).
- Stammt aus einem guten Elternhaus (46/35-40).
- Ist Raucher (44/17) und somit wohlhabend.
- **Informationen zu Weinholds Charakter.**
- Ist unsicher und nervös (44/30-32).
  → Hat in seinem Leben noch nicht allzu viele solcher Stresssituationen erlebt.
  → Kommt vermutlich frisch von der (Hoch-)Schule oder (theologischen) Universität.
- Ist aufmerksam und hört gut zu / hin (45/15).
- Ist tolerant und weltoffen, in der „Imitatio" (Kunst, sich in andere hineinversetzen zu können) unterrichtet worden (46/10-13) → Zeugt von einem hohen Bildungsgrad.
- Kann mit den Webern mitfühlen, kennt deren Elend und versteht deren Handeln.
- Las vermutlich aus den Zeitungen über das Elend (wie der Reisende auch (31/19f.)); obwohl er nicht betroffen ist, hat er sich damit beschäftigt.
  → Zeugt von seiner christlichen Humanität und seinem typisch-jugendlichen Wunsch etwas in der Welt zu verändern wollen.
- Lässt sich von Dreißiger nicht einschüchtern, steht zu seinen Idealen (46/21-23).
  → Kontrastfigur zu den unterwürfigen Opportunisten Pfeifer, Neumann und Tilgner.
  → Arbeitsstelle wurde vermutlich von seinen Eltern oder den Kittelhaus' vermittelt, weshalb er froh ist, diese doch nicht antreten zu müssen und sein studentisch-philosophisches Leben weiterführen kann.
- Vor einem solchen Verhalten wollte Kittelhaus den Weinhold abbringen, hat es aber nicht geschafft (44/19 – 45/6).
  → Seine Ideale und Gedankengut wird Weinhold bereits früher öffentlich zur Schau gestellt haben.
- **Beziehungen zu anderen Personen.**
- Er und Dreißiger haben unterschiedliche Ansichten, was zum Streit führte (46/16-23).
- Die Familie Kittelhaus ist (eng) mit seiner Familie befreundet (46/35-40).
- Wird von Kittelhaus belehrt / eingeführt / ausgebildet (44/19-28).

- **3.3.2 Joseph Kittelhaus, Pastor.**

- **Allgemeine Informationen über Kittelhaus.**
- Ist klein und fröhlich, raucht und plaudert gerne (44/16-17).
- **Informationen zu Josephs Charakter.**
- Ist (politisch) resigniert, in eine gewisse Routine verfallen und vertraut auf Gott (44/33 – 45/6).
- Sieht es nicht als seine Pflicht an, den Webern zu helfen, sieht das Elend als gottgewollt an.
  - → Ist die wohlhabende, sozial hochgestellte Version des Gustav Hilse.
- Ist vornehm, höflich und anständig (44/33; 45/20; 46/34; 47/5-7).
- Ist enttäuscht über das Verhalten der Weber, welches er als sündhaft ansieht (46/1-9).
- Redet permanent über die Jugend und die Weisheit im Alter (44/20, 22, 36-38; 46/5, 34).
  - → Fürchtet sich vor jungen, innovativen Ideen und Idealen.
  - → Ist ein konservativer Biedermeier, der den gesellschaftlichen Status quo erhalten möchte.
  - → Macht das Alter von der geistigen Reife abhängig und spricht der Jugend somit die Fähigkeit zum Anstand, Sittlichkeit, Frömmigkeit etc. ab.
  - => Macht sich und Männer seines Alters zu Lehrern und Beschützer der jugendlichen Gemüter.
- Versucht ruhig und vernünftig mit Jäger zu sprechen und ihn davon zu überzeugen, dass er Unrecht tut (49/9-28).
- Erinnert sich noch gut an Jägers Kindheit, kümmert sich gut um seine Gemeinde.
  - → Behandelt den jungen Jäger wie ein Kind, dem er gut zureden und welches er erziehen will.
  - → Fährt aus der Fassung als er merkt, dass man mit ihm nicht vernünftig reden kann.
- Hält an den konservativen (katholischen) Werten der Kirche fest und lässt keine Neuerungen zu (51/7-9).
- Spielt sich wie ein Prophet oder gar Jesus auf, will die Masse mit Vernunft besänftigen, was er als seine göttliche Pflicht ansieht (52/26-31).
- Ist bereit für die Sünden dieser Menschen zu sterben (52/34-36).
- **Beziehungen zu anderen Personen.**
- Verheiratet mit Frau Kittelhaus.
- Unterstellt den (älteren) Webern Frömmigkeit und Gottesfürchtigkeit (46/6-8).
  - → Wird von diesen misshandelt (54/2-3).
- (Eng) befreundet mit der Familie Weinholds und Dreißiger.
- Belehrt / bildet aus / führt Weinhold in den Beruf des Hauslehrers ein.
- Joseph unterstützt Dreißiger und pflegt seine Freundschaft (51/7-9, 17-18, 39).

- **3.3.3 Frau Kittelhaus.**
- **Allgemeine Informationen über Frau Kittelhaus.**
- Klein, bleich, mager, verblüht, gleich einer alten Jungfer (46/14-15).
- **Informationen zu ihrem Charakter.**
- Legt großen Wert auf den äußeren Schein (46/35-40).
  - → Weinholds Charakter war Joseph bekannt, also auch ihr, trotzdem müsse er ein guter Mensch sein, weil er aus einer guten Familie stamme.
- Ist zurückhaltend und nicht politisch interessiert, womöglich sogar ängstlich (47/5-7 schaut nicht hinaus wie Joseph und wirkt von der körperlichen Statur aus sehr rezessiv).
- Unterstützt ihren Mann und sorgt sich um ihn (52/40-41).
  - → Stellt persönliche Bedürfnisse und Ängste in den Hintergrund.
  - → Möchte bei ihrem Mann bleiben, muss sich selbst aber auch in Sicherheit bringen (54/19 folgt Rosa nur, flieht nicht aus Eigeninitiative).
  - => Stereotype Frau eines Pastors.
- Scheint etwas intelligenter als Rosa Dreißiger zu sein, ist fähig differenzierter zu denken (53/14-15).
- **Beziehungen zu anderen Personen.**
- Ist mit Joseph Kittelhaus verheiratet.
- (Eng) befreundet mit der Familie Weinholds und Dreißiger.

- **3.4 *Diener der Obrigkeit.***
- Der militaristisch-ausgerichtete Obrigkeitsstaat Preußen besaß eine große Menge an Polizisten um die

öffentliche Ordnung zu wahren.
→ Repression schien das einzige und effektivste Mittel zu sein.
- Die Abhängigkeit der Polizei und des Militärs von der Obrigkeit besteht nicht nur aus finanziellen, sondern auch aus opportunistischen oder repressiven Gründen.
- Diese Abhängigkeit verdeutlicht Hauptmann, indem der die einzigen beiden vorkommenden Polizisten als Lakaien und Untergebene des Dreißigers darstellt.

- **3.4.1 Heide, Polizeiverwalter (48/7).**
- **Allgemeine Informationen über Heide.**
- Fünfzigjähriger, mittelgroßer, korpulenter und vollblütiger (= vitaler) Mann (47/20-21).
- Ist gut gekleidet mit Kavallerieuniform, Schleppsäbel und Sporen (47/21).
- **Informationen zu Heides Charakter.**
- Profitiert vom Staat (ist korpulent) und dient ihm mit ganzem Eifer (47/22-23).
  → Genießt seine gehobene Stellung und sein soziales Ansehen.
- Spricht hochdeutsch (47/20-26).
  → Stammt nicht aus niederen Kreisen, sondern wahrscheinlich aus einer Beamtenfamilie.
- Ist neugierig und will sein Ego stärken / seine Macht demonstrieren (48/4-5).
- Als Jäger seine Autorität in Frage stellt, ist Heide überfordert und rasend (48/28-31).
- Fürchtet die Menge wegen seinem sozialen Stand nicht (50/3-5), bereut es bitter (51/6).
  → Versucht seine Autorität mit Androhung von Strafen zu verdeutlichen (48/30-31).
    → Kennt keine andere Methode als strenges Androhen von Strafen um einen Gefangenen zum Reden zu bewegen (49/1-2).
- Ist es gewohnt das Kommando zu übernehmen, ist eine Führungspersönlichkeit (50/3).
- Zusätzlich zu seinem militärischen Drill (50/4,15) wird er gefährlichster Gegenspieler Jägers.
  → Da die Webermasse ihn vertreiben kann, stellt Hauptmann den Aufstand als unaufhaltsam dar.
- **Beziehungen zu anderen Personen.**
- Ist Dreißiger und dem Staat ergeben (47/22-23).
- Ist in der Lage einfachen Polizisten (Kutsche) Befehle zu erteilen (49/30).
- Wird vom armen Volk nicht gemocht und verachtet (51/6).

- **3.4.2 Kutsche, Gendarm.**
- **Allgemeine Informationen über Kutsche.**
- Hat eine große, auffallende (, rote) Nase (41/32).
- Patrouilliert in der Ortschaft (41/11f.) und verbreitet die Befehle der Obrigkeit unter den Webern (42/31-36).
- **Informationen zu Kutsches Charakter.**
- Spricht im Dialekt mit den Webern (41/18).
  → Entstammt wohl aus niederen Kreisen.
  → Möchte sicherstellen, dass seine Befehle beim „Pöbel" ankommen.
- Streitet sich mit Wittig über die Kompetenzen und Aufgaben eines Polizisten (41/35-41).
- Kutsche hat einen jungen Dieb wegen einigen unreifen Birnen gewalkt (42/13-15).
  → Kutsche ist regelstreng, staatskonform und gesetzestreu.
- Hat Wittig bereits länger im Auge, sucht nach einem Grund ihn zu verhaften (42/1-5).
  → Klingt nach einem persönlichem Rachefeldzug für die Sticheleien des Wittig.
- Lässt sich von Wittigs Drohungen einschüchtern (42/15-22).
  → Seine Autorität hat er nur erhalten, da ihn niemand jemals in Frage gestellt hat.
- Ist ausweichend und will sich raus reden (42/28-30).
- Wurde beauftragt das Singen des Weberliedes zu unterdrücken (42/30-36).
- **Beziehungen zu anderen Personen.**
- Ist verhasst im Volk, besitzt trotzdem eine (wankende) Autorität (/).
- Kuscht vor Dreißiger und gehorcht Heide (42/31-36;).
  → Treuer Diener des Königs.

- **3.5 *Die Familie Baumert.***
- Die Familie Baumert repräsentiert die typische Weberfamilie wie sie in der Exposition des ersten Aktes beschrieben wird.
- Sie ist arm, mittellos (21/4-5) und macht sich viele Sorgen um die Zukunft (19/29-32).
- Familie Baumert ist auf Ansorges Freundschaft angewiesen, Familie will diesen nicht verärgern um das Haus nicht zu verlieren (23/12-18).

- **3.5.1 Der alte Baumert, Robert Heinrich Wilhelm** (29/30; 39/25; 66/17).
- **Allgemeine Informationen über Baumert.**
- An ihm kann die Resigniertheit, Erregung und Umschlag zum Aufstand repräsentativ für die Webermasse abgelesen werden.
- Humpelt (8/33), völlig verarmt (11/35-38 musste seinen geliebten Hund schlachten um etwas Fleisch essen zu können).
  - → Muss seine Familie ernähren, kann es aber nicht.
- Ist Webermeister von Kaschbach (29/30).
- Hat einen stark verwilderten Bart- und Haarwuchs mit buschigen Augenbrauen (33/34-37).
- Ist gesundheitlich angeschlagen, liegt viel im Bett (19/22-27).
  - → Haben zu Hause einen Ofen, welcher oft sehr stark rußt (23/7-11).
- Hat seit 10 Jahren kein (Schweine-)Fleisch mehr gegessen (26/17-20).
- Musste sich übergeben, da sein Körper richtiges Essen nicht länger gewöhnt ist.
  - → Mit ihm geht es bald zu Ende (27/35).
- **Informationen zu Baumerts Charakter.**
- Ist resigniert, sieht den Tod als einzigen Ausweg aus seiner elenden Lage (15/1-5).
- War immer ein braver, frommer, regelstrenger, hilfsbereiter Mensch (29/31-32; 33/18f.).
- Seine Frau unterstellt ihm Alkoholismus, seine Tochter aber nicht (19/24-26).
- Fordert eine politische Vertretung der Arbeiterschaft (25/24-25).
  - → Ist tolerant (69/13).
- Wird nicht von einem revolutionären Programm, sondern von Gefühlen geleitet (29/28 „in deliranter Raserei").
- Hauptmann besuchte in Zürich eine Irrenanstalt und fand dort ähnlich-handelnde Personen vor.
  - → Bestätigte seine naturalistische Ansicht vom sozialen Determinismus.
- Spricht beinahe durchgängig im Dialekt, versucht aber sich vor der Obrigkeit (oder höhergestellten Personen) mit Hochdeutsch zu profilieren (35/36-39).
  - → Stellt eine unterwürfige Handlung dar, erkennt die Autorität des anderen an, besitzt kein / kaum Selbstvertrauen oder Selbstwertgefühl.
- Sieht keine Veränderung seiner Persönlichkeit wenn er sich dem Aufstand anschließt (39/31-32).
  - → Es ist seine Pflicht sich der Rebellion anzuschließen (43/28-29).
  - → Sieht keinen anderen Weg seine Familie ernähren zu können und somit seine Pflicht zu erfüllen.
- Radikalisiert sich zunehmend und fordert Vergeltung (55/36-37).
  - → Spiegelt mit seiner Radikalisierung die Größe und den Zuwachs des Aufstandes wider.
- Spricht von besseren Zeiten und ruft seine Freunde / Familie zum Mitmachen auf (62/11-22).
- Baumert genießt seine Erfolge ohne die langfristigen Folgen zu bedenken (66/15-19).
- Will seines eigenen Glückes Schmied werden und sein Schicksal selbst in die Hand nehmen (66/21-40).
  - → Will sich aber auch um seine Familie / Freunde kümmern (67/14-16).
  - → Hat seine Contenance nicht wirklich verloren.
- => Die Figur des Robert Heinrich Baumert spiegelt die Gemüter der Weber vor und während des Aufstandes wider. Hauptmann stellt ihn als typischen Weber in den „Vordergrund" und vereint die gesamte Masse in Baumerts Wesen.
- **Beziehungen zu anderen Personen.**
- Vater der Familie Baumert.
- Ist bekannt und befreundet mit Bäcker (8/35f.) und Jäger (21/21f.).
- Ist Pate des Gottlieb Hilse (62/13).

- Setzt sich für die Interessen seines Freundes Ansorge ein (33/18).

• **3.5.2 Mutter Baumert.**
- **Allgemeine Informationen über Mutter Baumert.**
- Kontrakte alte Frau, ihr Gesicht ist abgemagert, blutleer, knöchern, faltig und runzelig (17/38; 18/8-10).
- Ihre Augen sind wässrig, entzündet und rötlich durch den Wollstaub, Rauch und die Arbeit (18/10-13).
- Sie hat einen Kropfhals mit Sehnen und Falten, sowie eine kläglich erschöpfte Stimme (18/28).
- Hat starke Schmerzen, blutige Finger und Gliederschmerzen (22/21-25).
  → Wahrscheinlich Skoliose und Arthritis.
- Ist gläubig, Religion gibt ihr aber kaum / keine Kraft (/).
- Hat seit dem Kindesalter mitgearbeitet (22/35).
- **Informationen zu Mutter Baumerts Charakter.**
- Macht sich Sorgen um die Zukunft (19/29-32).
  → Fürchtet das Schlimmste, hat keine Hoffnung, ist resigniert.
- Befürchtet, dass ihr Mann sich nicht um die Familie kümmert und das Geld für Branntwein ausgeben wird, welches die Familie so dringend brauche.
- Sieht den Tod als einzigen / besten Ausweg aus ihrer Lage (20/15-16).
  → Entspricht dem Denken der meisten Weber.
- Hat Emma vor ihrem Mann gewarnt, welcher nun verstorben ist und keiner für ihren Sohn Fritz sorgen kann (21/39-43).
- Weil Bertha sie bedienen muss, sieht sie sich selbst als Last an (22/30-32).
- Bedauert, dass sie ihren Töchtern keinen guten / gehobenen / „normalen" Lebensstil ermöglichen konnte (22/38 – 23/4).
- Sie sollten lieber Freizeit haben, ausgehen, Schmuck kaufen und in der Kirche geistliche Erquickung erhalten.
  → Sind stattdessen abgemagert und bleich.
- **Beziehungen zu anderen Personen.**
- Sie ist die Mutter von August, Bertha und Emma, die Großmutter von Fritz.
- Ist mit Frau Heinrich befreundet (20/4ff.).

• **3.5.3 August Baumert.**
- Zwanzigjährig, hat einen kleinen Kopf und Rumpf sowie lange, spinnenartige Gliedmaßen (17/39f.).
- Idiotisch, vielleicht psychisch behindert oder eine Folge der Mangelernährung in der Kindheit (17/39).
  → Entspricht dem naturalistischen Verlangen das „Hässliche" und „Unnormale" darzustellen.
- Seine Tätigkeit ist das Spulen (18/2), hilft im Haushalt soweit er kann (21/37-38).
- Er ist stets freundlich und lacht immer (26/41 – 27/4).
  → Erfreut die Familie, macht das Beste aus der Situation.
  => Verkörpert die Hoffnung der Familie.

• **3.5.4 Bertha Baumert.**
- Ist eine junge, abgemagerte Weberin mit offenem, weißblondem Haar, 15 Jahre alt, ärmlich und leicht bekleidet (18/4-8, 33).
- Lässt sich vom Verhalten der älteren Schwester beeinflussen (18/29-33).
- Tröstet und sorgt sich um die Mutter (18/36; 22/28-29).
- Übernimmt ihre Aufgaben im Haus: Kochen (21/36-37), August beschäftigen (21/36-38) und Ansorge zureden (19/29) bzw. bedienen (26/12).
  → Ist noch jung und fähig diese Aufgaben zu übernehmen.
- Kümmert sich um Frau Heinrichs Verletzung (20/9-11).
  → Einerseits ein Akt der Nächstenliebe, andererseits bietet dies eine Ablenkung von ihrer Weberei.
  → Sie könnte aber auch auf eine (zukünftige) Gegenleistung von den Heinrichs hoffen.
- Ist unvorsichtig in ihren Äußerungen, sagt was ihr gerade einfällt (19/24; 20/2; 27/30).
  → Nennt das Offensichtliche beim Namen, bringt die Mutter damit immer in Verzweiflung.
  → Typisch junges, weibliches Verhalten.

- Ist lösungsorientiert, da sie mit August in den Wald jagen gehen möchte (19/34-35).
  → Hat einen (wenig) ausgeprägten Gerechtigkeitssinn bzw. Egoismus.
  → Würde sich gegen Gesetze auflehnen, wenn es ihrem eigenen Nutzen dienlich wäre.

- **3.5.5 Emma.**
- Ist eine junge, abgemagerte Weberin mit weißblondem, offenem Haar, ist leicht und ärmlich bekleidet (18/4-8, 33).
- Mit 22 Jahren ist sie die älteste Tochter der Baumerts (18/31).
- Verwitwet, Vater von Fritz starb an Tuberkulose (21/39f.).
  → Mutter hatte sie vor ihm gewarnt, sie ist ein wenig dickköpfig, hat jetzt aber ihre Lektion gelernt.
- Ist unkonzentriert und gelangweilt von der monotonen Arbeit (18/32, 34).
- Sie ist zukunftsoptimistisch und untertänig (19/6-10).

- **3.5.6 Fritz.**
- Kleiner (wahrscheinlich kleiner als für sein Alter üblich), barfüßiger, zerlumpter, vierjähriger Junge (19/1).
- Sohn der Emma, sein Vater ist verstorben (21/39f.).
- Wird von Hauptmann als Handlungsträger eingeführt, welcher aufgrund seines Alters unangenehme Fragen stellen darf (19/11f.).
- Seine Person verdeutlicht die später von Luise geschilderten *Probleme bei der Kindererziehung*.
- Der Junge bekommt nicht genügend zu essen (19/5).
  → Belastet seine Mutter mit zusätzlichen Problemen und zwingt sie über ihre Situation nachzudenken.
- Er ist nicht ausreichend gekleidet (19/1-2), er trägt Lumpen, weshalb die Hygiene wohl auch ungenügend ist (läuft zudem barfuß umher).
  → Wegen dem schlechten Zustandes des Hauses (17/34 - 18/27) wird er nicht lange gesund bleiben.
- Aus seiner dialektalen Sprechweise lässt sich ein geringer Bildungsstand ablesen, welcher sich bestimmt auch nicht ändern wird.
- Die Mutter kann sich nicht ausreichend um ihn kümmern, weshalb er häufig draußen spielt (18/39-42; 19/21).
  → Fritz fehlt die mütterliche Liebe, welche den Charakter junger Kinder entscheidend prägt.
  → Ist dem Schmutz, Dreck und Gefahren der Außenwelt schutzlos ausgeliefert, da niemand auf ihn achtet.

- **3.6 *Die Familie Hilse.***
- Lebt in einem alten, langsam verfallendem und provisorisch geflicktem Gebäude, welches in den Regieanweisungen (beinahe) immer als „Haus" mit Anführungszeichen aufgeführt ist (Ausnahme 70/29).
- Es steht symbolisch für eine lebensfeindliche Umgebung, da Hilses Ansichten und seine überspitzte Frömmigkeit lebensfremde Verhaltensweisen darstellen.
- Erst als der Verwundete Weber Ulrich ins Haus hineingetragen wird, nützt das Haus und somit auch die Familie dem Aufstand.
  → Harte Kritik an der politischen Passivität geübt.

- **3.6.1 Der alte Hilse, Gustav** (66/18).
  - **Allgemeine Informationen über Hilse.**
  - Bärtig, starkknochig, von Krankheit, Arbeit und Alter gebeugt und verfallen (56/28-29).
  - Ist über sechzig Jahre alt (67/40).
  - Ist spitznasig, von fahler Gesichtsfarbe, zittrig, scheinbar nur Haut, Knochen und Sehnen mit den tiefliegenden, wunden, feuchten Weberaugen (56/30-32).
    - Einarmiger Veteran (56/29-30) in den Befreiungskriegen.
  - **Informationen zu Hilses Charakter.**
  - Gustav Hilse erkennt die Webernot und das Elend, will dies aber nicht ändern um ins Paradies zu gelangen.
  - In seiner Morgenandacht dankt er Gott für die Bewahrung seiner Familie (56/33 - 57/8).

→ Zwingt Sohn und Frau diese lebensfremde Haltung zu übernehmen.
- Hilse kümmert sich gut um seine (schwer) kranke Frau (57/22-24).
  → Zeichen wahrer Liebe, wenn man sich nicht mit schwerwiegenden Dingen (wie einem Aufstand oder Existenznöten) befasst, hat man auch die Zeit für die einfachen Dinge des Lebens (wahre Liebe).
- Hilses Liebe zu seiner Frau ist beinahe stärker als sein Glaube (67/17).
  → Ist auch nicht perfekt, lebensfremde Haltung kann nicht durchgängig verinnerlicht werden, macht ihn sympathischer.
- Hilse ist ein ehrlicher Mensch und versucht tadellos zu bleiben, auch wenn es schwer ist (60/7-11).
- Er kann nicht glauben, dass die anständigen, gläubigen, tüchtigen Weber sich dem Aufstand anschließen (58/41-43; 59/32-38).
- Einziger Unterschied zwischen Hilse und den übrigen Webern ist sein Glaube.
- Auffällig ist, dass er als einziger (in diesem Buch) Hilfe von der gehobeneren Schicht (Schmidt) erhält (61/1ff.).
  → Zeigt, dass Hauptmann den Christen doch eine gewisse Bedeutung zukommen lässt.
- Hilse versucht seiner patriarchalen Pflicht gerecht zu werden und Gottlieb von sündhaften Dummheiten abzuhalten.
- Geht hart gegen die Versuchung durch Luise vor (62/33-37).
- Redet Gottlieb zu, sich auf das Jenseits zu freuen und deshalb keine Sünden zu begehen (64/12-23).
- Hilse hat den Dienst für sein Vaterland bereits geleistet und ist nun nicht länger verpflichtet zu kämpfen (63/31-39).
- Er kennt sich mit Ausbeutung und ungleicher Besitzverteilung aus (64/6f.).
  → Ist zwar ein Christ, bewahrt sich trotzdem noch seine Mannesehre.
- Hat im Krieg einen Arm verloren (63/34), diese schlimme Erfahrung des Verlustes hat ihn im Glauben gestärkt, deshalb so sehr christlich geprägt.
- *Ist Kontrastfigur des Wittig.*
- Wittig erzählt von der Französischen Revolution unter Robespierre, welche durch Napoleon auf Europa ausgeweitet wurde.
  - Hilse dagegen spricht von den Befreiungskriegen, welche zwar das Nationalgefühl förderten, aber da kein Nationalstaat entstand, werden die Befreiungskriege von den Naturalisten als reaktionäre-konservative Rückschritte.
- Hilse prangert den Gerechtigkeitssinn von Jäger und Co. an (67/21-27).
- Hilse wird zweimal vor den Schüssen gewarnt und beim dritten Mal wird er tödlich getroffen.
  → Lebensfremde Einstellung des Hilse endet in einem tragischen Tod.
  → Vergleich zu dem Verrat Petrus oder Judas, welcher auch gewarnt wurde, aber nicht hörte.
- Tod geht auf ein historisches Ereignis zurück.
- Karl Henckell schrieb im Gedicht „Strike" über den 1889 vom Militär ermordeten Vater Breder.
- Wolff beschreibt wie eine Frau an der Tür stehend und den Weberaufstand aus der Ferne betrachtend von einem Querschläger getötet wird.

3.6.2 Mutter Hilse.
- Ist alt, blind und fast taub (56/14-15).
- Arbeitet trotz ihrer körperlichen Gebrechen tüchtig mit (57/17f.).
- Hilse kümmert sich liebevoll um sie (57/22-24).
  → Fühlt sich deshalb als eine Last und möchte helfen.
  → Sieht sich aber nicht als große Hilfe an und möchte sterben (63/26-29).
- Ist die Kontrastfigur zu Luise.
- Ist alt und krank und nicht vital und lebendig wie sie.
- Arbeitet schweigsam und gewissenhaft (57/17f.) und unterstützt ihren Mann (67/19-20; 69/34).
- Bekommt kaum noch etwas von ihrer Umgebung mit (60/21).
- Wegen ihrer körperlichen Verfassung nimmt sie nicht alles wahr und fragt deshalb nach Informationen (63/24; 69/27-28).
- Bewegt den Leser dazu sich die fundamentalen Rahmenhandlungen vor Auge zu halten und den Überblick nicht zu verlieren.
  → Schließlich ist der fünfte Akt mit 16 Seiten der längste mit der höchsten Handlungsdichte.

- **3.6.3 Gottlieb Hilse.**
- Hat die Tugenden des Vaters übernommen und vereinnahmt (57/33) und ist ihm hörig (60/24-25).
- Zieht den Vater dem Kind vor, versucht ihm zu gefallen und nicht sie zu trösten (60/28).
- Ist hin- und hergerissen zwischen Hilses Erziehung und Luises Versuchung.
- Hilse verteufelt den Aufstand („Satansleffel" (60/38) „Das is Satansarbeit" (62/26)).
- Luise spricht Tugend der Gerechtigkeit aus, will Unterdrückung und Ausbeutung nicht länger hinnehmen (62/27-63/22).
  => Hauptmann stellt im Dialog die christliche Tugend und die Gerechtigkeit als Gegensätze dar.
- Luise spricht von Mut, Stärke und Tapferkeit als Auszeichnungen eines guten Mannes (62/27-63/22).
- Hilse widerspricht ihr nicht, legt seinen Fokus aber auf die Ewigkeit und das Leben nach dem Tod (63/31-64/10).
  => Hauptmann kritisiert damit die Jenseitsvertröstung, welche zu (politischer) Passivität führt.
  → Selbstbestimmung steht dem Theodizee-Gedanken gegenüber.
- Ist nicht so fest im Glauben wie sein Vater (64/11-12), ist einfach nur gehorsam (60/33-34).
  → Wird von Hauptmann als Schwäche dargestellt.
- Lässt sich vom Aufstand begeistern (62/4), wird aber vom Vater gebremst (60/33-34).
  => Letztlich lässt er sich doch von Luise beeinflussen und geht (zögerlich) in den Kampf (64/27-30).
- Gottlieb wird getrieben vom patriarchalen Beschützerinstinkt, welchen Luise in Frage stellt (68/23-29).
- Gottlieb will zwar ein guter Sohn sein und seines Vaters patriarchalen Beschützerinstinkt nachkommen, muss sich aber auch um Luise kümmern (70/43 – 71/2).
- Trotzdem kehrt er zurück um nach seinem Vater zu schauen (68/20-21).
  => Wegen seiner „Aufsässigkeit" verlor er seinen Vater und wahrscheinlich auch seine Frau verlieren.
  => Gottlieb wird von Hauptmann als Biedermeier-Element verwendet, welches sich von seinen sozialen Einschränkungen (christliche Werte, konservativer Vater) lossagt und sich gegen das Unrecht erhebt.

- **3.6.4 Luise Hilse.**
- Wird von Hauptmann in eine Familie hineingesetzt, mit welcher sie sich nicht identifizieren kann.
- Als Ehefrau des Gottlieb kam sie in die Familie und musste sich von da an anpassen.
  - Kümmert sich aber gut um Mielchen (60/29-30) und ihre Schwiegermutter (61/7-8).
- Ohne eine Reaktion geht sie nach der Morgenandacht ans Waschfaß (57/17).
  → Glaubt nicht so sehr an Gottes Schutz oder Erlösung.
- Ist trotzig, batzig und (zurückhaltend) rebellisch (57/29).
  → Überbleibsel ihrer Zeit vor Gottlieb, hat sich selbst nicht (völlig) aufgegeben.
- Als sie die Kunde vom Aufstand bestätigt bekommt, hofft sie auf Abwechslung und Veränderung (60/15).
- Ist dabei aber auch von den Umständen eingeschränkt und deshalb sehr zurückhaltend (60/15, 36).
- Als der Aufstand in den Ort kommt, wird Luise übermannt und bricht aus ihrer „Gefangenschaft" aus (62/27).
  - Luise beschimpft und beleidigt Gustav und Gottlieb (62/27-31; 63/16).
  → Provokation an die Mannesehre, Gottlieb wird unmittelbar zum Handeln gedrängt.
- Als Hilse ihre Mutterfähigkeiten anprangert (62/33-37) erstellt Luise ein Programm mit Mindestforderungen einer (jungen) Mutter (Nahrung, Kleidung, Hygiene) (62/38 – 63/14).
  - Nachdem sie vier Kinder verloren hat (62/39f.), da es an diesem Programm mangelte, hat sie den Halt im Glauben verloren → Versucht beeinflussbaren Gottlieb zum Handeln zu provozieren.
  - Ungerechtigkeiten und die Schere zwischen arm und reich wird von ihr angeprangert (63/9-14).
  → Zieht in den Kampf um Mielchen ein gutes Leben ermöglichen zu können.
- *Kontrastfigur zu Hilse.*
  - Kämpft entschlossen, auffallend und charismatisch gegen das Militär (70/26-28).
  - Kann Gottlieb davon überzeugen sich ihr anzuschließen (70/40 - 71/2).
- Ermutigt die Frauen sich dem Aufstand anzuschließen (70/23-25).
  → Übernimmt eine zentrale Rolle der Frau in dem Aufstand.
  => Typisch soziale / sozialistische Emanzipationsvorstellung.

=> Luise wird zum Symbol der Frauenemanzipation.

3.6.5 Mielchen Hilse.
- **Allgemeine Informationen über Mielchen.**
- Arbeitet / spult nicht nur, sondern auch die Nacht hindurch (57/14).
- Sieben Jahre alt, hübsch mit langem, offenem Flachshaar (59/39-40).
- **Informationen zu Mielchens Charakter.**
- Muss wegen der Armut der Familie selbstständig sein, allein in den nächsten Ort gelangen und die Ware (Garn) abliefere (57/12-14).
- Ist lebensfroh und lebendig / vital (59/41-42).
- → Entweder ist sie es immer oder nur, weil irgendetwas Besonderes in ihrem tristen Alltag geschieht.
- Respektiert den Großvater, lässt sich aber auch einschüchtern (60/12-14, 17-18).
- Ist trotzdem frech oder keck (61/20-25), lässt sich nicht für dumm verkaufen / ausnutzen (61/19-20).
- → Zeigt nur ihre Beeinflussbarkeit, nicht ihren aufsässigen Charakter, aber auch christliche Grundhaltungen.
- Wird von Hauptmann für Teichoskopie genutzt.
- → Kann dies nur umsetzen, weil er Mielchen neugierig gemacht hat.

3.7 *Die übrigen Weber.*
- Weisen alle – bis auf Bäcker – die typischen Merkmale des Webervolkes auf.
- Schreiten in Demut und Demütigung einher, sind beladen mit Kummer und Sorgen, halb zwergenhaft, halb schulmeisterlich sind die krank, arm, zerlumpt und blass (7).
- Die Weber agieren teilweise untereinander und versuchen sich soweit wie möglich gegenseitig zu unterstützen, schaffen es aber nicht.
- → Diese „Solidarität im Geiste" wird durch die gemeinsamen Weberwerte (Christliche Nächstenliebe, Gerechtigkeitssinn, Gleichgültigkeit gegenüber dem Tod und die Ausbeutung durch die Fabrikanten) verstärkt und schafft günstige Ausgangsbedingungen für einen sozialen Umsturz oder eine Rebellion.

3.7.1 Der „rote" Bäcker.
- **Allgemeine Informationen über Bäcker.**
- „Roter" Bäcker ist eine Anspielung auf seine Haarfarbe, Bezug zu Johann Phillip Bäcker (1809-1886).
- Engster Mitstreiter Marx' und Engels', Mitbegründer der Eisenacher Partei und Herausgeber führender sozialdemokratischer Zeitschriften.
- → Wollte mit Dichtung Solidarität der Arbeiter schaffen und sozialistische Revolution fördern.
- Junger, ausnahmsweise starker, frecher Weber (8/26-27).
- → Ist einer der wenigen, welcher physisch zum Kampf geeignet ist.
- Besitzt ein besonderes Charisma und ist bekannt (8/27-28).
- Spricht im Dialekt, was ihn mit den Webern verbindet.
- **Informationen zu Bäckers Charakter.**
- Hat die beste Arbeit abgeliefert, wurde nicht kritisiert und erhielt am meisten Lohn (11/39-40).
- → Ist ordentlich, aufmerksam, gründlich und erfahren.
- Beklagt sich trotzdem über den zu geringen Lohn (11/41).
- → Möchte anständigen Lohn haben, kein Almosen.
- → Hat einen Gerechtigkeitssinn und will Veränderung bewirken.
- Ist vorlaut, frech, antiautoritär und aufsässig.
- Lässt sich weder von Pfeifer (12/8) noch von Dreißiger (12/26-27) den Mund verbieten.
- → Beharrt auf seine eigene Freiheiten.
- Gleichsam infantil wie arrogant beleidigt er Dreißiger furchtlos (12/18-19, 28-29).
- Fürchtet keine Strafe und stichelt Dreißiger damit, dass Weberlied gesungen zu haben (12/38; 13/1).
- Hat es gemeinsam mit Jäger gesungen (28/1-3).
- Teilt die Gleichgültigkeit der Weber (13/13-14; 69/8-9) und den Gerechtigkeitssinn (12/1-6).
- → Wird deshalb von Dreißiger entlassen (13/15).
- => Gibt einen Vorabblick auf den Aufstand und dessen Ablauf (13/6-10), Dreißiger auf dessen (historisches) Ende (14/22).

- Hat sich mit Jäger zusammengetan, nachdem sie sich bereits früher kennengelernt hatten (28/1-3) und führt mit ihm den Aufstand an (37/39-40).
- Freut sich mit Hilfe von Jäger das Leben zu führen, was er seiner Meinung nach auch verdient hat (38/3-4, 28).
- Gibt dem Aufstand anfangs eine klare Richtung (39/2-3) und heizt die Gemüter ein (40/37-38; 42/42f.).
- Ist ein Witzbold, Clown, will lustig sein und Zustimmung erfahren.
- Stichelt furchtlos und ungeniert den Polizisten zum Amüsement der Weber (41/32-33).
- Genießt Gehör in der Webermasse und will den Aufstand auf die Nachbarorte ausweiten (55/39-42).
- Will eine neue Zeit der Sorglosigkeit ohne Elend und Leid herbeiführen (65/39-41).
- Bedrängt Hilse nicht so sehr wie Jäger es macht, da er sich mit den Webern verbunden fühlt (67/34-36).
  => Die Figur des Bäcker ist ein einheimischer und „Störenfried", welcher die Unzufriedenheit der Weber, auch auch ihre unterdrückte Aufsässigkeit und Zorn widerspiegelt. Er erhebt sich unorganisiert und (langfristig) ziellos gegen Dreißiger und die Fabrikanten und lässt sich lediglich von seinen (wilden) Emotionen leiten.

- **3.7.2 Anton Ansorge, Häusler (56/2).**
- **Allgemeine Informationen über Ansorge.**
- Unentschlossenheit Hauptmanns wird durch Ansorges Spruch "Nu ja ja! - Nu ne ne!" deutlich.
  - Änderungen dieses Spruches verdeutlichen das Ausmaß eine Gemütszustandes (Rage) (29/7).
- Spricht im Dialekt, da er einerseits kaum Kontakt zu gehobeneren Schichten pflegt, bei denen er Hochdeutsch lernen könnte und da er andererseits zu alt ist um etwas Neues zu lernen.
- Alter Weber, groß mit verwildertem Haupt- und Barthaar (19/36-38) und buschigen Augenbrauen (33/36).
- Hat mit dreizehn Jahren seinen Vater verloren (26/6-7).
- **Informationen zu Ansorges Charakter.**
- Lässt die Baumerts bei sich wohnen (17/34), obwohl sie seit einem halben Jahr keine Miete mehr zahlen (23/16).
- Kennt sie gut, verbringt viel Zeit mit ihnen (24/33).
- Hat Verständnis mit der Lage der Baumerts, treibt die Schulden nicht ein (25/22-23).
  → Ist großherzig und soweit es möglich ist großzügig (23/31-33).
- Erinnert sich an die „guten, alten Zeiten" in denen die Weber noch leben konnten (26/31-39).
  → Kritik an der Moderne, schafft Vergleichspunkte, welchen einen Aufstand erst ermöglichen.
  → Prangert die Ausbeutung durch die Fabrikanten und deren Gottlosigkeit an (26/32-39).
  => Hat kein Vertrauen gegenüber der Regierung und betrachtet sie nicht als Vertreter des Volkes (27/43).
- Ansorge verhält sich irrational / pöbelhaft / aufsässig, wenn er betrunken ist (34/1).
- Kündigt den Ausbruch eines Aufstandes an, lässt sich nichts länger gefallen (29/37-40).
- Spricht die typisch Hoffnungslosigkeit und Resigniertheit der Weber an (36/3-4; 40/1).
  - Fordert eine höhere Gewinnbeteiligung für die Weber (26/37-39).
  → Hoffnungslosigkeit, Untertanenmentalität, Resigniertheit.
- Bereut mitten im Aufstand seine Taten und kommt zur Besinnung (56/1-9).
  → Andeutung auf Zügellosigkeit des Aufstandes, möglicher Aufruf zur Ordnung / Besinnung.
  => Seine Person verdeutlicht die Ambivalenz des Webervolkes.
- **Das Hausmotiv Ansorges.**
- Sein Vater hat das Haus ergattert (25/37-42), aber trotzdem gehört es dem Staat und dem Bauer, auf dessen Grund es steht (23/19-23).
- Kann sich kaum den Unterhalt seines Hauses leisten (25/19-20), muss deshalb sparen (19/41-42; 20/1).
  - Muss bestialisch hohe Abgaben entrichten und dafür beinahe die ganze Nacht lang arbeiten (25/6-23).
- Flechtet deshalb Körbe (24/18-19), konnte dies aber nicht länger und sucht deshalb eine Anstellung in der Wirtsstube (33/18-20).
  => Sein Haus ist sein wertvollster (materieller und emotionaler) Besitz, weshalb er dessen Verlust fürchtet (25/31-42).

- **3.7.3 Reimann, Weber.**
- Sucht nach Ausreden für seine schlechte Qualität (9/6; 11/8-10).
- Ignoriert die vorliegenden Fehler und versucht die Argumentation Pfeifers zu widerlegen (10/38 „Daß's hier [...]) → Ist nicht lösungsorientiert, sondern verschlagen.
- Kritik am schlechten Lohn geäußert (9/13) → Kritik an fehlender Gerechtigkeit geübt.
- Vergleicht seine Situation mit früher (10/30-31).
- Unterstellt den Angestellten zu lügen (10/35).
  => Zeigt, dass unter den Webern die Werte und Ideale der Französischen Revolution noch verankert sind, man sich aber nicht traut / keinen Erfolg in einem Aufstand sieht.
- Ist mutig aber auch zurückhaltend (17/11-14).
  → Hat Courage, kennt aber seinen Platz, bemüht sich sein Temperament zu zügeln.

- **3.7.4 Franz Heiber, Weber** (11/22).
- Versucht vornehm zu sprechen und der Obrigkeit (vertreten durch Pfeifer) dadurch Respekt zu zollen (9/16-19; 11/1-5).
- Wird von den Fürsten ebenfalls ausgebeutet (9/23-24).
  → Zeigt die aussichtslose Lage der Weber (Vgl. zu 36/3-4) und deren niedrigen sozialen Stand.
- Seine Tochter ist krank (9/24-25; 11/24).
- Sie ist bereits krank, klein, gebrechlich und verkümmert auf die Welt gekommen (11/27-30).
- Musste deshalb ein Spulmädchen einstellen (11/4-5).
  → Weiß sich keinen Rat, will der Familie helfen und ein „guter" Mann sein (9/33; 11/25).
- Verhält sich ansatzweise opportunistisch (10/42-43).
  → Entsteht aus Verzweiflung, nicht aus Habgier.
- Erhält einen Vorschuss um sich Medizin kaufen zu können (11/25).
- Seine Freude darüber ist nur kurzweilig da er nun (weiter) verschuldet ist und das Problem trotzdem nicht gelöst ist (11/19-21).
- Hat seinen Glauben verloren und verurteilt andere Gläubige in ihrer Passivität (15/13-15).

- **3.7.5 Frau Heinrich.**
- Dreißigjährige Mutter (20/4-5) von neun Kindern (20/21), ist schwanger (14/7).
- Ihr achtjähriger Sohn Gustav ist ebenfalls sehr schwach und unterernährt (13/35f.; 14/2-3).
- Muss wegen der Armut selbstständig werden und allein das (schwere) Parchent zur Fabrik tragen.
- Ihr Mann hat wieder einen Schlaganfall erlitten und liegt seitdem im Bett (20/33-37).
- Ist eigentlich tagsüber Weber und abends / nachts (Kirchen-)Musiker / Bettler um die Familie ernähren zu können (14/6).
- Braucht die Hilde von den Baumerts (20/8; 21/3).
  → Ist verzweifelt und macht sich viele Sorgen um die Zukunft.
  => Offenbart die von Luise später geschilderten Probleme bei der Kindererziehung.
- Figur der Frau Heinrich soll die aussichtslose und unerträgliche Lage der Weber zeigen, aber auch ihre Solidarität untereinander (20/29-30).
- Hauptmann gibt einen Vorabblick auf den Ausbruch eines Aufstandes (21/10-11).
  → Spiegelt alle verzweifelten Gemütszustände wider (20/17 Handlungsunfähigkeit, 20/18 Trauer, 21/8 Wut & Angst.

- **3.8 *Die Familie Welzel.***
- Gasthaus hat ein reales Vorbild in Schneiders Erholungsbaude im Karlsthal.
- Klare Aufgabenteilung in der Wirtsstube.
- Scholz Welzel übernimmt die Aufgaben an der Bar und führt Gespräche (30/23-24, 40).
- Frau Welzel kümmert sich um die praktischen Aufgaben (kochen & bewirtschaften) (35/10-11).

- **3.8.1 Scholz Welzel.**
- **Allgemeine Informationen über Welzel.**
- Gutmütiger Koloß, über 50 Jahre alt (Ex).

- Welzel ist königstreu und regelkonform (30/22), weshalb er das Weberlied in seinem Haus nicht duldet.
- Kennt sich im Dorf aus (31/14-15).
  → Seine Gaststube ist der Versammlungsplatz des Dorfes.
  → Verkörpert die Dorftradition und -erfahrung.
- **Informationen zu Welzels Charakter.**
- Distanzierter Vater, ist mit anderen Sachen beschäftigt, nicht mit der Tochter (31/31).
- Schaltet sich nur in die Erziehung ein, wenn ihm etwas nicht gefällt (34/14-16).
  → Wird als Biedermeier dargestellt, kümmert sich nur um den äußeren Schein, fühlt sich verpflichtet seine Tochter beschützen zu müssen.
  → Ist sozusagen der „böse" Elternteil, Gegengewicht zur sanften, „weichen" Mutter.
- Spricht gehobener als die Weber, versucht sich aber familiär zu geben (sowohl gegenüber den Webern, als auch den gehobeneren Gästen (Reisender).
- Ist vornehm, nett und zuvorkommend.
  → Übernimmt eine vermittelnde Rolle (33/28), versucht die Situation zu befrieden (43/5).
- Ist ruhig, aber auch bestimmt / bestimmend (38/32-34).
- Besitzt nur eine verminderte Durchsetzungsfähigkeit (43/5).
  → Ist eine solch außergewöhnliche Situation nicht gewöhnt.
- Verhält sich gegenüber dem Gendarm ruhig, teils unterstützend (41/28).
  → Lehnt den Aufstand ab (37/36; 43/27, 32).
  => Fürchtet nur um sein eigenes Wohl, wenn er sich nicht königstreu verhält, alles andere interessiert ihn nicht (43/21)
- **Beziehungen zu anderen Personen.**
- Distanzierter Vater (31/31), aber tüchtiger, patriarchaler Ehemann.
- Verhält sich vermittelnd vor den Webern, ergreift keine Partei.
- Ist königstreu und duldet kein Aufbegehren in seinem Haus (43/5).

- **3.8.2 Frau Welzel.**
- Jünger als 35 Jahre alt, ist stattlich und sauer gekleidet (30/25-26).
- Ist dem Elend der Weber gegenüber gleichgültig eingestellt (31/6-8).
- Kennt ihre Tochter sehr gut (32/33-34).
  → Unterstützt sie in ihrer Lebensführung (34/17-23).
  => Ist der rezessive, „sanfte" Elternteil.
- Spricht im Dialekt, ist nicht besonders gebildet / welterfahren, entstammt einem niederen Stand, verbringt nicht viel Zeit mit den Gästen (im Gegensatz zu ihrem Mann) (37/18).

- **3.8.3 Anna Welzel.**
- **Allgemeine Informationen über Anna.**
- Anna ist Anspielung an Hauptmanns erste große Liebe Anna Grundmann.
- Siebzehnjährige, hübsche Frau mit prachtvollem, rotblondem Haar (30/26-27).
- Ordentlich gekleidet und stickt gerne in ihrer Freizeit (30/27-28).
  → Ist mit den häuslichen Pflichten einer Frau bekannt.
- **Informationen zu Annas Charakter.**
- Lässt sich nicht von Männern beeinflussen, möchte sich nicht vorschnell verheiraten (31/29; 32/32-34).
  → Mehr aus Schüchternheit und Unsicherheiten, weniger aus Emanzipation.
  → Genießt aber die Aufmerksamkeit des Reisenden (34/12).
  => Sie ist das Gegenmodell zu den armen Weberfrauen, welche schnell heiraten und Kinder bekommen, da sie auf diese angewiesen sind. Anna sucht die große Liebe oder möchte bei ihrer Familie bleiben.
- Ist in ihrer Zukunftsgestaltung ungewiss (34/14-16).
  → Anna möchte hoch hinaus und ihren Interessen folgen.
  → Hauptmann zeigt damit die Probleme der Wohlhabenden, welche mit ihren (nahezu) unbegrenzten Möglichkeiten überfordert sind, wohingegen die Weber existenzielle Nöte erleiden.

3.9 *Die übrigen Personen.*
- Lassen sich unterteilen in Sympathisanten und Unterdrücker der Weber.
- Während Moritz Jäger aktiv für die Rechte und das Wohlergehen der Weber kämpfen will, möchte Wittig seine Freiheit verteidigen.
- Hornig oder der Reisende übernehmen nur vermittelnde Rollen, welche den naturalistischen Hand zur Episierung widerspiegeln.
- Andere Personen wie der Förster oder der Bauer vertreten ihre soziale Schicht und offenbaren dem Publikum immer detaillierter wie elend und unerträglich die Lage der Weber doch ist.

3.9.1 Moritz Jäger, Husarenreservist.
- **Allgemeine Informationen über Jäger.**
- Strammer, mittelgroßer, rotbäckiger Reservist, Husar (21/24-25).
- Trägt vollständige Kleider (sauberes Hemd ohne Kragen, keine Lumpen) und Schuhe sowie eine Husarenmütze (21/25-28).
- Raucher (24/15-16) → Zeichen seines Wohlstandes.
- Spricht im Dialekt, kann aber auch Hochdeutsch sprechen (22/10-11).
- → Hat sich im Militärdienst weiterbilden können, war früher nicht gescheit (22/12-14).
- Hat früher Vögel gefangen (22/12-19).
- → Hat Stärke, Kraft und Überlegenheit an Schwächeren ausgelassen.
- **Informationen zu Jägers Charakter.**
- *Fähigkeiten / Charaktereigenschaften, welche Jäger zu einem geborenen Anführer machen.*
- Ist welterfahren und teilt seine Erfahrungen mit den Baumerts (23/26-28; 25/26-29; 26/21-30).
- → Ist ein „Bote aus der Fremde", schafft Vergleichspunkte und kann so eine Veränderung hervorrufen.
- Ist den militärischen Drill gewöhnt, hat diesen verinnerlicht, ist militant geworden (21/27-28, 33-35).
- Zusätzlich zu seinem Körperbau macht ihn das zu einem Anführer, welcher fähig ist zu kämpfen.
- Hat einen ausgeprägten Gerechtigkeitssinn (23/12; 27/10-22).
- Ist aufgebracht über die Schere zwischen arm und reich (26/21-30), Fabrikanten kennen das Elend der Weber (25/26-29), handeln aber nicht gemäß der christlichen Moral.
- Hat ein besonderes Charisma (23/48) und Leidenschaft (28/10-11 „mit unverkennbar starkem Gefühl").
- Ist leidenschaftlich bei der Sache (24/4 „Willig muß man sein").
- Er ist pflichtbewusst, es hat ihm nichts ausgemacht Stiefel zu putzen, Pferde zu striegeln oder Bier zu holen (24/1-15).
- Er besitzt die webertypische Gleichgültigkeit gegenüber dem Tod (24/11-12).
- Ist die meiste Zeit über umgänglich und freundlich, außer wenn er etwas Unerhörtes (und seiner Auffassung von „gerecht" Widersprechendes) mitbekommt (27/12-16).
- → Besonders ausgeprägter Charakterzug von Reimann (9/13; 17/11-14).
- Ist frech und provokant (48/32), antiautoritär, rebellisch und aufständisch.
- Ist im Besitz des Weberliedes und kann lesen (27-29).
- => Durch den Besitz des Liedes vom Blutgericht (28/1f.), seinem Charisma (23/38), seiner militärischen Erfahrung (21/27-35), seiner feurigen Leidenschaft (28/10-11), seiner Welterfahrung (26/21-30), seinem Körperbau (21/24-25) und seinem „Vermögen" (24/22-23) hat er das Potential zum Anführer und nutzt es auch.
- *Jäger knüpft an gemeinsame Weberwerte an.*
- Christliche Nächstenliebe und Tugenden werden von den Fabrikanten missachtet (26/33-35).
- Gerechtigkeitssinn (u.a. bei Reimann sehr deutlich 9/13; 17/11-14).
- Gleichgültigkeit gegenüber dem Tod (24/11-12).
- Elend und Ausbeutung durch die Fabrikanten (28/1f.).
- => Nutzt diese gemeinsamen Weberwerte um die Masse erfolgreich zu mobilisieren.
- *Jägers Rolle als Anführer vor und im Aufstand (68/13-15).*
- Bei den Baumerts stößt er Beleidigungen gegenüber den Fabrikanten und der gesamten Obrigkeit aus (27/10-22), womit er die Weber allmählich aufwiegelt sich negativ zu äußern (27/23-25) und dann feindselig (27/43).

→ Das Vorlesen des Weberliedes ist der Tropfen, welcher das Fass voller Kummer, Leid und angestauten Aggressionen zum Überlaufen bringt (28-29).
- Durch seine Führung wird die Webermasse militanter und zielgerichteter (37/41).
- Ermöglicht den Weben ein gutes Leben mit Impfungen (38/7) und Kornschnaps (38/14-15).
  → Andere Weber erhoffen sich auch einen Teil zu ergattern und werden sich Jäger anschließen.
- Macht sich über die Arbeit der Fabrikanten lustig und demonstriert Aufsässigkeit (38/25-27).
  → Sie verdienen am Leid der Weber, weshalb sie dieses fördern.
- Hat an der Front des Aufstandes für die Weber gekämpft und sie zum Sieg geführt (66/25-26).
- Sieht seine Gerechtigkeitsauffassung und Ideale eins die einzig richtigen an, verträgt keine Kritik (67/29-36).
  → Entspricht den Ideen / Forderungen in Büchners „Hessischem Landboten."
  → Führt eine zügellose Radikalisierung herbei (67/5-6).
  => Entweder Kritik an einem Aufstand, da Jäger wie Robespierre oder Napoleon dargestellt wird oder Ermutigung / Wunsch den Aufstand auf das gesamte kapitalistisch-exploitative System zu richten.
- **Beziehungen zu anderen Personen.**
- Mutter Baumert ist seine Tante (22/20 „Muhme" = Tante).
- Hat Bäcker im Dorf kennengelernt (28/1-3) und ist mit ihm befreundet (37/39).
- Hat eine Abneigung gegenüber der Obrigkeit (27/10-22) und den Reichen (67/5-6).
- Fühlt mit den Webern (siehe Weberwerte).

- **3.9.2 Wittig, Schmied.**
  - **Allgemeine Informationen über Wittig.**
  - Anspielung auf den Bauer, Mönch und Schmied Windelried, welcher 1386 in der schweizerischen Armee den Sieg über die Österreicher mit Hilfe von sagenumwobenen Heldentaten erzielte.
  - Grauhaariger, rußiger, Schmied ohne Mütze in Arbeitskleidung (Schurzfell und Holzpantinen) (39/7-8), ist sehr stark (65/8-10).
    → Steht als Schmied für Kraft und Mut, literarisch für eine lautere, erzieherisch wirkende Person.
  - Trinkt (billigen) Schnaps (39/19) → Ist sparsam oder nicht wohlhabend (immerhin wird es im armen Dorf kaum Aufträge für ihn geben).
  - Hat ein besonders Charisma, ist bekannt und populär (39/13-14).
  - Spricht im Dialekt, da er keine Kontakte zu der Obrigkeit pflegen möchte.
  - **Informationen zu Wittigs Charakter.**
  - Distanziert sich anfangs vom Aufstand (39/9-10).
    → Wie Büchner hält er das Volk für noch nicht bereit (39/33-37).
    → Will nicht in den Ärger von den Aufrührern mit hineingezogen werden.
  - Hat Kenntnis von der Französischen Revolution und deren Idealen (39/33-37).
    - Sind in seinem Bewusstsein verankert und hält fest daran (41/4-6).
    => Bringt diese Erfahrungen in den Aufstand mit ein und schafft somit eine Kontinuität zwischen den Revolutionen.
  - Kennt die Lage und das Elend der Weber, vor allem von denen in den Bergen (40/34-36).
    → Sieht darin keine Hoffnung.
  - Ist anarchistisch, antiautoritär, selbstbestimmt und freiheitsliebend.
    - Stichelt ungeniert und furchtlos den Polizisten (41/16-41).
    - Findet Willkür und Machtmissbrauch der Obrigkeit ungerecht und verächtlich (41/35-41).
  - Ist bereits früher negativ aufgefallen (42/1-5).
    → Ist deshalb so beliebt unter den Webern.
  - Teilt die Gleichgültigkeit mit den Webern (42/6-13), daraus erwächst aber keine Resigniertheit, sondern der Wille zum Kampf gegen die Obrigkeit (42/13-22).
    - Droht und schüchtert den Polizisten ein (42/25-28, 37-38).
  - Überschlägt sich in seinem Zorn, das Verbot des Gendarms (42/31-32) kann er nicht länger hinnehmen und schließt sich als eigentlich Unbeteiligter dem Aufstand an (42/37-41).
    => Wird schließlich wegen seiner Popularität, Charisma, Mut, Stärke, Erfahrung und Aufsässigkeit zu einem Anführer des Aufstandes (43/6-7) und einem Magneten für weitere Weber (49/40 es sind noch Weitere (Anführer) dazu gehorchen).

- Steht für die Radikalisierung des Aufstandes.
- „Druf! Wer de kee Hundsfott sein will, hurra!" (68/41 - 69/2).
- „Wenn m'r 'n kriegen, knippen mer 'n uf" (55/24).
=> Stürmt wie auf der Jagd in das Haus des Dreißigers (55/18-20) und „ermutigt" die zögernden Weber (55/2-17).
- Mobilisiert die Masse (68/41 - 69/2).
→ Ist triebhaft und emotionsgeleitet, mit Leidenschaft dabei.

3.9.3 Meister Wiegand, Tischler.
- Ist pfiffig, schnell und rücksichtslos (30/34) → Typischer opportunistischer deutscher Michel.
- Trägt seine Arbeitskleidung und trinkt ein bayrisches (importiertes) Bier (30/30-32).
  → Gönnt sich für sich selbst nur das Beste, klassischer Egoist.
  → Lässt andere für sich arbeiten (34/26) und verbringt viel Zeit in der Gaststube (30/40f. Vertrautes Gespräch mit Welzel).
  → Muss zumindest mehr Geld besitzen als nötig um sich importiertes Bier leisten zu können.
- Hat Sarg für den verstorbenen Weber Fabrich gezimmert (31/16-18).
  → Verdient skrupellos am Elend der Weber (34/27-29), spricht kalt und herzlos über deren Elend (31/9-13).
  => Muss wohlhabend sein, da Weber für Begräbnisse viel Geld ausgeben, es ist kein Zufall, dass Wiegand Tischler in dieser Gegend geworden ist.
- Verteidigt pompöse Bestattung der armen Weber, verdient schließlich sein Geld damit (31/42 – 32/23).
- Kennt sich in seinem Beruf aus, weiß besser als ein Arzt, wann ein Weber sterben wird (34/31-32).
- Hat sich hochgearbeitet und nun sieben Gesellen (34/26).
- Möchte sich in seiner Sprechweise Fremden gegenüber profilieren (31/35f.).
- Verbringt Zeit mit der Obrigkeit und hat es dort gelernt (33/21-24).
  → Legt großen Wert auf den äußeren Schein und die Reputation.
- Ist deshalb auch sehr schnell reizbar, wenn man ihn öffentlich bloßzustellen versucht (34/33f.).
- Ist zudem ein Angeber, da er sich von der grauen, unbedeutenden Masse hervorheben möchte (33/21-24)
- Übernimmt in gewisser Weise eine teichoskopische Funktion im Werk, da er dem Reisenden und somit dem Publikum Informationen zum Begräbnis liefert, welches man nicht sieht / kennt (32/1-23).
- Lehnt den Aufstand ab, ist mit der aktuellen Situation ziemlich zufrieden und sieht keine Probleme (37/34).
- Versteht sich wegen seinem opportunistisch-adaptiven Verhalten hervorragend mit der Obrigkeit (41/18-22).

3.9.4 Reisender.
- Mittelgroßer, wohlgenährter, dicklicher, lebhafter, kecker und angeschwipster Mann (30/25-27).
- Isst ein Steak und trinkt dazu Bier, eine wohlfeine Mahlzeit (30/35-36, 40).
  → Kann sich Reisen und gutes Essen leisten, muss viel Geld besitzen.
- Ist gebildet (spricht französisch), war bereits in der Hauptstadt Berlin (34/6-9).
  → Ist bestimmt nur auf der Durchreise.
- Betrachtet die Lage der eher nüchtern-rational, versteht den Aufwand für ein Begräbnis nicht (31/19-28, 39-40).
- Hat von dem Elend im Eulengebirge in den Zeitungen gelesen (37/4-6).
  → Benutzt Plural, muss mehrere Zeitungen gelesen haben, da staatliche die Ereignisse schönen; ist wohlhabend.
- Lehnt die Hochzeit ab, trägt trotzdem einen Ehering (32/35 – 34/9).
  → Ist verlogen und wird kein guter Ehemann / Schwiegersohn sein.
- Zeigt Interesse an dem Aussehen der Weber, schätzt deren Gesellschaft (33/29-37).
  → Deren verwilderte Gestalt hat der Reisende nicht so oft gesehen.
- Flirtet ungeniert mit Anna, obwohl er einen Ring am Finger trägt (32/35f.).
  → Frauenheld, arrogant, selbstsicher, verschlagen.
- Ist neugierig und wissbegierig (35/20f.), weltoffen und versteht sich gut mit anderen Menschen

(38/19f.).
→ Lässt seinen Charme spielen und ist jedem sympathisch.
• Verteidigt die Obrigkeit (35/34-35).
=> Reisender stellt dem Publikum die Perspektive der Obrigkeit vor (37/13-15).

• **3.9.5 Junger Bauer.**
• Wenn der Weber ein Haus bauen möchte, muss er dies auf dem Boden der Bauern machen, welche dafür Arbeitskräfte und Miete verlangen (37/27-32).
• „d'r Pauer und d'r Edelmann, die ziehen a een'n Strange" (36/27-28) und beuten die Weber gemeinsam aus.
• Trägt eine Peitsche mit sich (35/14), ist ein Vertreter seiner Schicht.
• Ist wohlhabend genug um dem Förster ein Bier auszugeben (35/16).
• Hat kein Mitleid mit dem Elend der Weber (36/18-23).
• Sie haben ihr Geld versoffen anstatt es sinnvoll anzusparen.
→ Selbstverschuldetes Elend der Weber.
• Spricht nicht so stark im Dialekt aber beleidigt die Weber ständig (36/18, 35, 39).
• Seien dumm und nutzlos, nur zur Reproduktion zu gebrauchen.
=> Vertritt damit die Ansichten weiter Teile der Bevölkerung der Nicht-Weber und der Obrigkeit.

• **3.9.6 Förster, gräflisch Keilsch's Förster .**
• Repräsentant der Obrigkeit, hat deshalb keinen Charakter, spricht Hochdeutsch und benimmt sich vornehm.
• Achtet auf den Wildbestand im Wald eines Fürsten (35/21f.).
• Hat den Holzdieben eine Axt abgenommen um sie an weiteren Verbrechen zu hindern (35/31).
→ Hält sich strikt an die ungerechten, menschenverachtenden Gesetze.
→ Axt war wahrscheinlich der einzig wertvolle Besitz der armen Diebe.
• Förster macht sich über das Weberelend lustig und sieht es als selbstverschuldet an (36/40).

• **3.9.7 Schmidt, Chirurgus.**
• Quecksilbriger, kugeliger Mann mit weinrotem, pfiffigem Gesicht (60/42-43).
• Sozial-höhergestellter (ist Chirurg), wohlhabender (ist kugelig (60/42) Bürger.
• Kümmert sich um die Familie Hilse (61/1-25), kein Anzeichen für eine Gegenleistung.
→ Ist wahrscheinlich Christ und behandelt den anderen Christen aus Nächstenliebe.
• „Bote aus der Fremde."
• Unterstützt Hilse in seinen Ansichten und lehnt den Aufstand ab (61/14-16).
→ Ist schließlich angehöriger einer gehobeneren Schicht.
=> Appell bleibt bei Verstande (61/38).

• **3.9.8 Hornig, Lumpensammler.**
• Alter, kleiner, o-beiniger Mann (32/24-25), 40 Jahre alter „Kuspel Sticka" (37/9).
• Ist ein Bote aus der Fremde, eine zeitgenössische Informationsquelle.
• Verschönt seine Berichte nicht wie einige Zeitungen, sondern versucht objektiv zu berichten (59/27-29 Konjunktiv sollte gesagt hab.n).
• Spricht im Dialekt (32/25-29), kann aber auch anders sprechen (32/29-31).
→ Wird er sich auf seinen „Reisen" selbst beigebracht und von gehobeneren Bürgern abgeschaut haben.
• Kennt viele Leute und verbreitet Informationen unter den unbeweglichen Webern (40/31-33; 59/1-7).
• Ist neugierig und wissbegierig (43/44), vertritt die Lage der Weber vor Fremden (33/38-41) und vor Staatsbeamten (59/1-7).
• Kennt das Elend in den Bergen (37/7-14) → Ist mobil, gelangt auch in die Nachbardörfer.
• Ist mit der Vorgehensweise der Beamten vertraut (37/18-34).
→ Ist welterfahren und kann lesen.
• Hornig versteht die Situation der Weber und die Hintergründe für den Aufstand (43/33).

- Informiert einige Beamte (59/1-7), möchte aber am liebsten die Regierung informieren (37/31-34).
=> Besitzt einen besonderen Gerechtigkeitssinn sowie Mitleid mit den Webern.
- Hornig wird für gewöhnlich auch Glauben geschenkt, gilt als seriöse Informationsquelle (59/18-22, 30-31).
- Nur Gustav Hilse kann er nicht überzeugen (59/32-38).
- Übernimmt gegenüber Luise und Gustav Hilse die Rolle der Versuchung (60/6,31).
- Ist aber durchaus lösungsorientiert und fähig zum differenzierten Denken / Umdenken (60/22-23).

4. Weiterführende Interpretationen und Analysen.

- Die Weber wird als soziales Schauspiel angesehen, dessen Handlungen von sozialen Bedingungen und ökonomischen Abhängigkeiten determiniert werden.
- Hauptmann bezieht bei der Wiedergabe der historischen Ereignisse keine Stellung, obwohl man einige Ansichten herausinterpretieren könnte.
- Sei wissenschaftlich-analytischer Charakter ist ein einzigartiges Kennzeichen naturalistischer Werke.
- Hauptmann wurde unterstellt mit dem Werk zu einem sozialen / sozialistischem Aufstand anzuregen, jedoch war und wird der Aufstand auch nicht als geplant, sondern als spontane Aktion dargestellt.
- Ausgelöst durch das gemeinsame Elend und dem Weberlied begehren die Weber ohne (parteipolitische) Organisationsstrukturen gegen die Fabrikanten (und nicht das gesamte kapitalistisch-exploitative) System auf.
=> Das Drama ist dokumentatorisch geschrieben, sozialkritisch verarbeitet und durch Hilses Tod mythisch aufgewertet worden.

4.1 Rezeptionsgeschichte.

- Wegen der feindlichen Einstellung der Regierung gegenüber der Sozialdemokratie wurde das Stück zweimal verboten, aber insgesamt dreimal geheim in Theatervereinen aufgeführt.
- Kritiken sehen es als ein sozialrevolutionäres Meisterwerk an, als Momentausschnitt eines immer noch andauernden Freiheitskampfes der unterdrückten Menschheit.
- Andere Kritiker sehen darin ein Meisterwerk des Naturalismus, der naturgetreuen, kunstvollen Wirklichkeitsabbildung.
- **1894** „Die Weber" dürfen öffentlich aufgeführt werden.
- Ordnungsbehörden gehen davon aus, dass sich arme Arbeiter (1,5 Mark / Tag) den Theaterbesuch (1 Mark / Vorstellung) nicht leisten können.
- Sonntagsaufführungen werden verboten, da Arbeiter (12-16 Stunden Arbeitszeit / Tag) wochentags nicht ins Theater gehen können.
- **1896** spaltet sich die Sozialdemokratie an diesem Werk.
- Edgar Steiniger lobt den sozialrevolutionären Anklang des Werkes.
- Liebknecht unterstellt zum größten Teil spießbürgerlich-reaktionäre Handlungen.
- **1904** Russland hebt das Aufführungsverbot für die Weber auf.
- **1901** Weberparodie von Friedrich Kayssler stellt Jäger als „böse" und Dreißiger als „gut" dar.
- **1900** Heinrich Mann parodiert die Weber in Im Schlaraffenland und führt eine triebhafte Erotik ein.
- **Rezession in Russland / der UdSSR.**
- **1895** Lenins Schwester Anna übersetzt, vervielfältigt und verbreitet die Weber in Russland.
- **1917** Erste Verfilmung von Die Weber in Russland.
- **1922** Die Weber erobern das Moskauer Künstlertheater.
- **1945** UdSSR erobert die deutsche Gebiete zurück, Oberleutnant Petrov besucht und verschont Hauptmann.
- **1893** Aufführung der französischen „Versien Les Tisserands" verboten worden, hat aber im theatre libre das Publikum begeistert.
- Käthe Kollwitz fertigte nach dem Buch ihren berühmten Weberzyklus an, eine künstlerische Würdigung des literarischen Meisterwerkes Hauptmanns.
- **9. November 1919** wurde „Die Weber" bei der Revolutionsfeier inszeniert, Arbeiter reagierten mit Hohnlachen und Gespött.
- **1921** wurde „Die Weber" in Berlin aufgeführt und auf den Spartakusbund und die Novemberrevolution

bezogen.

=> Ambivalente Umsetzung des Stückes.

- Zwischen **1933 und 1945** gab es keine Aufführung der Weber in Deutschland, Hauptmann verhielt sich opportunistisch.
- **1952/53** wurde „Die Weber" propagandistisch in der DDR aufgeführt, das Programmheft enthielt Verweise auf DDR Gesetze und Verordnungen.
- **1954** wurde im nun polnischen Langenbielau ein Exemplar von „Die Weber" gefunden und mit Hilfe der Übersetzung von **1906** zwanzig mal aufgeführt.
- Brecht äußerte sich gegensätzlich über „Die Weber."
- Es sei ein Standardwerk des Realismus für die Emanzipation des Proletariats.
- Lobte das Ende für den Appell an die Menschlichkeit der Bourgeoisie
  → Spricht später aber davon, dass der Appell am Ende die „monumentale Schwäche" des Stückes sei.
- **1997** Frank Castorf macht aus „Die Weber" eine ironische Collage über das „Elend" der Fabrikanten.
  → Gegenwartsbezug, da **1997** die IG Metall und die SV's die Arbeitsbedingungen stärkten, der Fabrikant aber nach wie vor über steigende Konkurrenz- und Rationalisierungsdrücke klagte.
  → Sah Modernität im Kollektivhelden und Dialekt, welcher eine Art Geheim"sprache des Ghettos" sei.
- Nach **1945** wurde die Weber selten in den beiden deutschen Staaten aufgeführt.
- War aber in beiden Ländern in zahlreichen Fassungen vorhanden und wurde sogar **1962/63** bei den Ruhrfestspielen zahlreich aufgeführt.
- Not der Nachkriegszeit wurde häufig mit dem Elend der Weber verglichen (Hundebraten Baumerts).

- **4.2 Tod des Gustav Hilse (71/11ff.).**
- Tod geht auf ein historisches Ereignis zurück.
- Karl Henckell schrieb im Gedicht „Strike" über den 1889 vom Militär ermordeten Vater Breder.
- Wolff beschreibt wie eine Frau an der Tür stehend und den Weberaufstand aus der Ferne betrachtend von einem Querschläger getötet wird.
- Gesamtes Buch ist nur eine naturalistische Abbildung der Wirklichkeit, aber das Ende bricht damit.
- Ende hat einen politischen Anklang, kann als Aufruf zum Handeln gesehen werden.
- Einige sehen darin aber auch den Versuch die aristotelische Dramentheorie zu erfüllen.
- Hauptmann hat nachweislich keine Abneigung gegenüber Religionen.
- Einziger Unterschied zwischen Hilse und den anderen Webern ist sein strenger Glaube.
  - Auffällig ist, dass er als einziger (in diesem Buch) Hilfe von der gehobeneren Klasse (Schmidt) erhält.
  → Zeigt, dass Hauptmann den Christen doch eine gewisse Bedeutung zukommen lässt.
- Hauptmann übt Kritik an der politischen Inaktivität, freie Meinungsbildung und Umsetzung deren ist gewollt.
- Politische Instrumentalisierung der Religion wird kritisiert.
- Tod zeigt die Ambivalenz des Aufstandes, die Auseinandersetzung um das Recht eines Aufstandes.
- Hilse wird als konservativer Biedermeier dargestellt, ist somit Feind der Zeit, der Naturalismus stellt somit das „Hässliche" dar.
  - Hilses Tod wird als Abneigung gegenüber den Biedermeiern gelesen.
- Ist eine mögliche Vorausdeutung der Erfolgslosigkeit des Aufstandes.

- **4.3 Beschreibung und Verlauf des Aufstandes.**
- Durch Hauptmanns strenge ***Dichotomie*** wird u.a. die Solidarität der Weber bzw. unteren / unterdrückten Schichten vorangekündigt.
  - Diese Dichotomie zeigt dem Publikum die gemeinsame Schicht oder kündigt an, dass die Gruppe durch Werte, Einstellungen oder Behandlungen zusammengehört und sich früher oder später zusammentun muss.
  - Hauptmann benutzt dafür einerseits den ***Aspekt der Sprache***.
  - Im Werk sprechen die Figuren entweder Hochdeutsch oder den schlesischen Dialekt.
  - Einzige Ausnahme ist Jäger, welcher sehr gut Hochdeutsch sprechen, aber den Dialekt auch nicht

verlernt hat → Keine andere Person ist fähig die beiden Sprechweisen derart zu trennen.
- Es ist sozusagen eine Art Geheimsprache, welche die Weber und deren Sympathisanten miteinander verbindet und ihnen Kraft geben kann.
  → Ein Zusammengehörigkeitsgefühl erwächst.
- Andererseits legt Hauptmann dafür auch einen besonderen *Schwerpunkt* auf die *Kleidung*.
- Die meisten auftretenden Personen (außer die Repräsentanten ihrer Schicht) werden genaustens hinsichtlich ihrer Kleidung beschrieben.
- So werden zum Beispiel die beiden Töchter der Baumerts als leicht bekleidet (18/4-8) und die Webermasse an sich als zerlumpt beschrieben (7/30).
- Wittig tritt in seiner Arbeitskleidung vor das Publikum (39/6-7).
- Jäger wird als fein gekleidet und ansehnlich vorgestellt (21/24-28).
  => Vorabblick darauf, wer zusammengehört und wer nicht.
- Ausnahme bildet Meister Wiegand, welcher – wie Wittig – in seiner Arbeitskleidung vorgestellt wird (30/31) → Soll weniger auf die Unterstützung der Weber verweisen, sondern eher auf dessen Faulheit während der Arbeitszeit in der Schenkstube zu sein.
- Der Kleidungsstil sagt auch viel über die Verhältnisse der einzelnen Personen aus.
- Die Weber sind arm und können sich nichts besseres leisten.
- Jäger ist wohlhabend und muss eine Uniform tragen.
- Wittig bleibt seinen Wurzeln treu und identifiziert sich mit seiner Arbeit.
- Frau Welzel, Frau Dreißiger und der Polizeiverwalter sind fein und adrett gekleidet, was deren hohen (sozialen) Stand verdeutlichen soll.
  => Die soziale Ungerechtigkeit wird hervorragend aus dem Aspekt der Kleidung deutlich.
- Diese Solidarität wird auch durch die **Wahl eines Kollektivhelden** verdeutlicht, da nun eine gesamte Bevölkerungsschicht handelt und nicht nur ein Protagonist.
- Nachdem Hauptmann dem Publikum offenbart, welche Personengruppen zusammengehören werden, können die unterschiedlichen *Stadien des Aufstandes* anhand der Anführer und zweier Weberrepräsentanten abgelesen werden.
- *1. Stadium des Aufstandes: Die Mobilisierung und das Antreiben Wittigs.*
- Wittig ist bekannt und wegen seinem aufsässigen Verhalten beliebt unter den Webern (39/11-14; 41/43f.).
- Die Erfahrungen der Französischen Revolution verleihen ihm einen Gerechtigkeits- und Freiheitssinn.
- Die Einschränkung der persönlichen Freiheit und die Willkür des Staates veranlassen Wittig sich dem Weberaufstand anzuschließen.
- Er treibt die Weber an, versucht neue zu rekrutieren und motiviert alle dazu ihr Bestes zu geben (68/41 – 69/2).
  - Er ist freiheits- und emotionsgeleitet, es gibt keine Anzeichen dafür, dass er ein langfristiges Ziel verfolgt.
  - Seine Leidenschaft für den Kampf sorgt für den (kurzfristigen) Sieg der Weber.
→ Würden alle Weber mit solchem Eifer kämpfen, wäre der historische Aufstand sicherlich nicht erfolglos geblieben.
- *2. Stadium des Aufstandes: Die Zielvorgaben Bäckers.*
- Bäcker ist bekannt und beliebt unter den Webern, aber auch bekannt als Unruhestifter (8/27-28).
- Bäcker ist trieb- und emotionsgesteuert und möchte sich gegen die Ungerechtigkeiten und Ausbeutung Dreißigers auflehnen (66/38f.).
- Im ersten Akt demonstriert er den anwesenden Webern seine Entschlossenheit und Furchtlosigkeit.
- Dabei sehen sie auch, dass Dreißiger nicht so sehr zu fürchten ist, wie man es bereits macht.
- Er mobilisiert die Masse durch das verbreiten von Gerüchten (40/37-40) und das Anspornen zum Mitsingen und Mitmachen (42/41-42).
- Als erstes Ziel gibt er der aufständischen Masse Dreißigers Haus vor (39/2-3), später im Aufstand radikalisiert sich die Masse und er leitet sie zu Dittrichen weiter (55/39-42).
  → Als der Aufstand aber zu sehr außer Kontrolle zu geraten droht, beschützt er die Weberkollegen, welche sich nicht dem Aufstand anschließen wollen vor den Anderen (Jäger) (67/34f.).
  => Bäcker wird gegen Ende hin entweder vernünftiger oder verliert wegen der Dauer und Intensität des Aufstandes allmählich das Interesse daran.

- **3. Stadium des Aufstandes: Die Militarisierung durch Jägers Führung.**
- Jäger ist ein Husarenreservist und den militärischen Drill der Armee gewöhnt.
- Er besitzt ein besonderes Charisma und Führungsqualitäten, welche ihn für einen Aufstand unverzichtbar machen.
- Diese Kenntnisse nutzt er um die Truppe zu organisieren und eine Richtung vorzugeben (37/41).
- Anfangs ist die Meute noch unzivilisiert und triebhaft organisiert, aber im Verlauf des Aufstandes erhält sie immer mehr Züge einer paramilitärischen Organisation (54/42 – 55/1).
- Er genießt Gehör unter den Webern und zügelt deren Trieblosigkeit (66/42 – 67/1 verhindert, dass die Fabriken angezündet werden, damit die Versicherung nicht haftet).
- Er radikalisiert den Aufstand soweit, dass er selbst gegen den gesamten Staatsapparat vorgehen möchte (67/5-6).
- **Die wiederkehrende Symbolik der Farbe „rot."**
- Die Farbe rot steht Symbolisch für einen starken Willen, Durchhaltevermögen und Entschlossenheit, aber auch für Leidenschaft und Energie[1].
- Mit der Farbe rot assoziiert man Liebe und Leidenschaft aber auch Blut und Tod.
- In Hauptmanns „Die Weber" wird diese Farbsymbolik und die Wirkung auf das Publikum gezielt ausgenutzt um eine (versteckte) politische Nachricht zu vermitteln.
- Bäcker erhält wegen seiner roten Haarfarbe das Attribut „rot" und wird dem Publikum somit als Unruhestifter und Aufrührer vorgestellt.
- Ebenso enthält die (polnische) Husarenuniform von Moritz Jäger rote Elemente.
- Nachdem sich der Aufstand auf die Nachbarorte ausgeweitet hat, hat er sich zunehmend radikalisiert.
- Das wird unter anderem an den vom Alkohol geröteten Gesichtern der Weber deutlich (65/32).
- Seit 1863 ist rot die Farbe der SPD Vorgängerpartei ADAV (Allgemeiner Deutscher ArbeiterVerein).
- Somit stellt Hauptmann indirekt eine Kontinuität zwischen den sozialen Idealen der Arbeiterbewegung und dem Weberaufstand von 1844.
- Auch wird mit der Farbe rot eine apokalyptische Stimmung erzeugt, welche das Ausmaß des Aufstandes verdeutlichen soll.
- Blut ist geflossen (38/6) und die Fabrikanten werden als „höllisch" beschimpft (43/18).

- **4.4 Leitmotiv: Das Lied vom Blutgericht[2].**
- Bäcker (nennt es ein schönes Lied (13/1)) und Jäger (besitzt es (27/38ff.) nutzen das Weberlied um die Masse zu mobilisieren und solidarisieren.
- Den Naturalisten ging es um eine politische Absicht, welche hinter dichterischen Werken stehen soll.
- Viele Anspielungen auf Verse bekannter Lieder werden eingefügt.
  - „Die Leinweber haben alle Jahre ein Kind" (10/24-26) aus „Die Leinweber haben eine saubere Zunft."
  - „Und doch wie wunderlich geht's" (40/27-29) stammt aus einem fränkischen Volkslied.
- Volkslieder werden aber nicht naiv verwendet, z.B. will Mielchen nicht „Fuchs du hast die Gans gestohlen" singen, obwohl es eine Belohnung dafür gibt (61/29f.).
- Das Weberlied galt den Zeitgenossen als „Kampfparole" (Marx).
  - Kommt in allen Akten vor und erzeugt eine klassisch-dramatische Struktur.
  - **1. Akt**: Dreißiger und Bäcker sprechen nur über das Lied (12-13).
  - **2. Akt**: Jäger besitzt das Lied und ließt es vor (28-29).
  - **3. Akt**: Die Menge singt es laut und kollektiv (43).
  - **4. Akt**: Das Weberlied ertönt außerhalb der eigentlichen Handlung (45/42-43).
  - **5. Akt**: Das Weberlied wird „vierhundertstimmig" gesungen (64/28-30).

- **4.5 Gegenwartsbezug und Aktualität.**
  - **Beispiel 1: Der arabische Frühling.**
    - Das Volk wurde von einem militaristischen Diktator ausgebeutet und unterdrückt.
    - Oppositionelle wurden ohne große Anstrengungen (öffentlich) exekutiert.

---

1 http://www.lichtkreis.at/wissenswelten/welt-der-farben/die-farbe-rot/ Aufgerufen am 21. Februar 2016.
2 http://www.manteion.de/wp-content/uploads/2012/10/Das-Blutgericht.pdf Aufgerufen am 13. Februar 2016.

- Das Volk verstand sich aber als eine selbstbestimmte, vernunftbegabte Nation, welche das Recht auf politische Partizipation forderte.
- Als sich der Großteil der Tunesier zusammenschloss und solidarisierte, konnte das Militär nicht länger gegen die Aufständischen sein und gaben letztlich auf.
=> Das (kurzfristige) Ende der Unterdrückung war die Folge des solidarischen Zusammenhaltes.
- ***Beispiel 2: Der deutsche Bahnstreik.***
- Die Bahnmitarbeiter führen ein langweiliges, monotones Arbeitsklima, stehen den ganzen Tag im engen Schaffnerhäuschen und bekommen für ihre Mühen nur den Mindestlohn.
- Interne Beschwerden und Verbesserungsvorschläge an den Betriebsrat kamen immer mal wieder auf, konnten aber in der Chefetage kein Gehör finden.
- Allmählich begann die GDL (Gewerkschaft deutscher Lokomotivführer) Proteste und Streiks zu planen.
- Trotz deren mäßigem Erfolg solidarisierten sich immer mehr Lockführer mit ihren Kollegen und konnten die Streiks in Dauer und Intensität verstärken.
- Die „Bourgeoisie" Deutschlands (der gehobene Mittelstand und die Großunternehmer) beschwerten sich vehement und immer massiver gegen die andauernden Streiks.
- Selbst der Staat versuchte die Belange der Arbeiter zu ignorieren indem der Bundestag im Juli 2015 das Tarifeinheitsgesetz verabschiedete.
- Die Streiks wurden aber konsequent weitergeführt und die LockführerInnen suchten sich eine Stimme zu verleihen und das Tarifeinheitsgesetz am Bundesverfassungsgericht anzuklagen.
=> Letztlich wurde die Ausdauer und Hartnäckigkeit der Bahnarbeiter belohnt und die Deutsche Bahn hat sich mit ihnen geeinigt.
- ***Beispiel 3: Niedriglohnsektor.***
- Heutzutage gibt es immer noch viele Menschen in Deutschland, welche trotz einer Beschäftigung zu wenig Geld erwirtschaften, als dass sie die Armutsgrenze überschreiten könnten.
- Viele solcher Menschen besitze mehrere Arbeitsstellen und verbringen ein Leben in Stress, Hektik und Eile.
- Es gibt verschiedene Berufe wie z.B. Reinigungspersonal oder Kassierer, deren Arbeit als weniger wertvoll betrachtet wird und dementsprechend vergütet wird.
- Andere Arbeitgeber geben ein Ziel vor, welches innerhalb einer festgelegten Zeitspanne nicht zu erfüllen ist, sodass unbezahlte Überstunden getätigt werden müssen.
=> Dafür hat der deutsche Staat ALG II eingeführt und stetig ausgebaut, damit solche Menschen nicht unterhalb des Existenzminimums leben müssen.